阅读成就思想……

Read to Achieve

BIG PRODUCT

BIG PRODUCT-ORIENTED THINKING

大产品思维

从产品布局到营销创新的指数级增长之道

王雷 / 著

中国人民大学出版社
· 北京 ·

图书在版编目（CIP）数据

大产品思维：从产品布局到营销创新的指数级增长之道 / 王雷著. -- 北京：中国人民大学出版社，2021.5
ISBN 978-7-300-29234-2

Ⅰ. ①大… Ⅱ. ①王… Ⅲ. ①产品营销－研究 Ⅳ. ①F713.50

中国版本图书馆CIP数据核字(2021)第060832号

大产品思维：从产品布局到营销创新的指数级增长之道
王雷 著
Dachanpin Siwei: Cong Chanpin Buju Dao Yingxiao Chuangxin de Zhishuji Zengzhang zhi Dao

出版发行	中国人民大学出版社		
社　　址	北京中关村大街31号	邮政编码	100080
电　　话	010-62511242（总编室）	010-62511770（质管部）	
	010-82501766（邮购部）	010-62514148（门市部）	
	010-62515195（发行公司）	010-62515275（盗版举报）	
网　　址	http://www.crup.com.cn		
经　　销	新华书店		
印　　刷	北京联兴盛业印刷股份有限公司		
规　　格	155mm×230mm　16开本	版　次	2021年5月第1版
印　　张	16　插页2	印　次	2021年5月第1次印刷
字　　数	202 000	定　价	69.00元

版权所有　　侵权必究　　印装差错　　负责调换

本书赞誉

很欣赏本书提出的大产品概念和大产品思维。互联网的发展使得产品变成了热词，但产品并不能独立存在，特别是对于大型企业来说，产品是一系列整体运作的产物，包括市场与行业洞察、从战略到执行的一致性，以及组织文化的影响力等。本书提出在创新经济时代，要认知传统企业发展的"危"与"机"，创新商业价值，从0到1打造企业的核心业务资产，都值得处在数字化转型中的企业深思。

李岚

新奥大学校长

很早就知道王雷要写一本关于产品的书，拿到书稿后，超出预期的惊喜。这本《大产品思维》并没有局限在我们传统定义上的产品该如何做，而是站在了更高的视角去解读企业战略、营销与产品该如何进行整体创新。这本书每一章后都有"思考与练习"，非常适合团队集体学习，应该是对于建立学习型组织很有价值的一次尝试。

王娣

北京大学经济学院高级管理教育（EDP）中心执行主任

《大产品思维》看似是一本产品范畴的书籍，实际上特别适合正着手搭建和升级企业战略及营销体系的企业家和创业者。全书没有深奥的理论，往往在轻描淡写之间一语道破企业创新升级的关键点。应该说这是一本弥足珍贵的企业创新实战手册。

崔艳

润宝科技文化董事长

产品经理一词来自互联网行业，但随着商业的变迁，互联网已经不再是一个单独的行业，所有的实体经济都开始与互联网进行深度融合。企业对于产品经理的要求也不再仅仅是会做原型，闷头跟程序员们一起搞开发了。在新的商业环境下，作为产品经理，尤其是未来想要进入实体行业的产品经理，要有更广阔的视野、更强的大局观和更深的商业敏感度，也就是成为我们所说的商业产品经理。《大产品思维》给所有想要从产品经理向商业产品经理迈进的读者提供了参考。

任彬

保险极客创始人兼 CEO

最近几年，"创新"被炒得火热，每一个企业家或者创业者都应该有创新思维，但我认为老板不仅自己要有创新思维，还需要将这种创新思维传递到整个团队，形成创新型组织，这样企业的战斗力才能大幅度提升。相信很多企业老板为了事业发展会到处学习提升，但回到企业发现团队的思维跟不上，自己又没有时间逐个辅导。这本书给我们提供了一个很好的工具，带着你的团队一起去看吧，你肯定会发现惊喜的。

李驳洋

东北大学高管培训中心负责人，世纪英才商学院沈阳分院院长

"大产品"是一个新概念,看完整本书发现这个概念用得极为精准。在创新经济时代,一切都在飞速地变化和升级,要应对这种转变,企业就要不断进行创新。但任何一次创新都不是局部的,在企业管理的四个模块中,产品是核心基础,以产品为切入口,来带动战略、营销和管理同步升级,企业才能达到真正的升维创新,这就是"大产品"的本质所在。

马丹

融商学院院长

《大产品思维》从全新的角度解读了战略、产品和营销以及三者之间的关系,让企业经营从宏观、中观到微观的全貌完整展开在眼前,打破了很多认知中只见树木不见森林的局限,让人豁然开朗。如何通过产品的创新实现客户价值的创造,进而达到企业的长期可持续发展,是一个值得不断探索和思考的主题。

张斌

场景数字化平台阅信云创始人兼 CEO

很开心看到《大产品思维》的面世,这本书是写给广大实体经济企业家的,这让我有很多期待。传统行业做久了,难免存在思维定式,这本书让我打开了思路。在这个快速变化的时代,为客户创造价值是企业的立足之本,将价值有效地传递到客户并让客户感受到更是一门很深的学问。做好"产品"便是一种最好的途径,这里的产品是广义的"产品",读完此书你会有更深的理解。

王怀周

中天教育董事长

这个时代做企业最大的感触就是变量太多、速度太快，国际政治因素、市场因素、科技多维度进化等都会影响企业发展。不变的就是要求企业不断地创造长期价值，而唯一的体现就是持续的产品创新力。王雷在《大产品思维》一书里，给人最大的启发就是产品创新思维的改变。因为在变量太多的时代，原有的传统方法失效了，只有升维认知理解产品创新力的本质，才有机会做出正确决策，走向成功。

赵宝华

憨猴科技创始人

大产品思维是一种战略思维、系统化的思维，它不局限于某个行业或领域，大产品的方法无论应用到哪里，都会收到奇效。王雷的这本书真正把他这些年的经验凝练成精华写出来了。书中很多案例或许是我们常见到的，但通过他的分析，我们可以从一个全新的角度，或者说从商业经营的本质去理解，才真正看懂了这些案例成功或失败的根本原因。

周磊

乾元商学执行院长

大产品的战略意义在于针对产品的研究不再局限于传统意义上的产品本身，而是基于企业战略乃至产业层面去重新审视、梳理和改造企业的产品线。

方琴

衣邦人创始人，杭州贝嘟科技有限公司董事长、CEO

推荐序
驱动企业商业模式创新的"大产品"

当下世界,正处于"百年未有之大变局"。从宏观层面来看,全球正在经历一个大变局,国际力量对比也正在发生巨大的变化,对未来的生产和生活方式将产生重大影响;从微观层面来看,互联网技术20余年的快速发展与普及应用,快速将"地球变成一个村",人们获取信息可以不受时空的限制,获取速度也越来越快,从而拉近了人与人之间的距离。

尤其是2007年之后,移动互联网技术日新月异的持续发展,对我们的生活产生了深刻的影响,渗透到了我们生活中的各个方面:只要轻轻动动手指,足不出户就可以进行网购,快递直接送至家门口;不用去教室,只要一台电脑,或者一部智能手机,就能够在家轻松上网课;不用现金,用手机扫一下码就可以付款……一部智能手机,将拍照、语音、网页浏览、视频播放、社交娱乐等多种功能集于一身,强大到几乎只要一部手机在手,就无所不能。

当互联网经济"无所不能"时,很多实体经济被冲击得面目全非、萎靡不振。为改善此状况,2020年以来,我国出台了多项政策来支持实体经济的发展。在这样一个时代大背景下,王雷先生的《大产品思维》一书应运而生。

作为一个"虚实皆懂"的复合型专家人才,王雷先生从新浪网产品总监到21世纪不动产集团副总裁兼首席信息官,在互联网行业奋斗了15年,同时又有超过10年的实体经济行业经验,是不可多得的"既懂互联网又懂实体经济"的实战型专家。

如果在经济转型时期对企业的经营管理进行深度思考，那么很多互联网企业的工作方法与思维方式完全可以应用到实体经济企业，使实体经济企业拉开与竞争对手的差距，从而实现企业价值的腾飞。如果这些思路用到产品的研发和营销方面，也会极大地帮助中小企业快速成长。

这应该也是王雷先生写《大产品思维》这本书的初衷。

在这本书中，我们可以看到，互联网与数字化时代的到来给人们工作和生活方式带来的变革式改变，以及对实体经济产生的冲击。在这个"冲击"与"颠覆""共享"与"创新"不断交融的过程中，产品研发与营销模式也发生了变革式的创新与改变。

在这样一个"产品为王"的时代，如何重新审视产品与企业发展之间的关系？对此，王雷先生进行了系统化的梳理。所谓"产品为王"，指的是企业将产品提升至战略的高度，对产品的定义进行了一次重大的变革，范围更广，视角更高。书中的"产品"，不再仅限于具象的功能性产品，而是更加广义的产品概念，有利于释放创新的活力。以年轻化白酒品牌江小白为例，江小白卖的不是酒本身，而是代表着年轻时尚的品牌IP化的潮流。

站在企业、行业，甚至社会的视角，让产品成为驱动企业战略升级最核心的支撑部分。这样的产品，可以用"大"来形容，这是"大产品"的第一层含义。

"大产品"另一层含义是，将企业的多个产品通过以客户为中心的产品矩阵工具进行有机组合，用以支撑企业的创新型商业模式与战略发展。最近20余年出现的独角兽企业，几乎都是采用类似的方法来构建自己的商业模式，从而使企业得到快速的增长与发展。这个方法，也就是本书中提出的"大产品"思维在转型升级中的落地应用。

本书中对单一产品的价值挖掘和创新方法给出了详细的介绍，并且就如何在产品创新的基础上做好营销给出了具体的方法。在这个信息越来越对称的数字化时代，如何基于以客户为中心的视角，以为客户创造价值作为企业的核心追求，就成了企业能够获得商业回报的核心思维方式。

对于很多工作在实体经济行业的读者来讲，这本书是一本产品创新的实战工具，也是一本思维升级的指南，非常适合企业内部团队共同学习实践使用。就像王雷先生在书中所说，创新是这个时代的主题，虽然思维方式的改变对大多数人来讲是一个非常艰难的过程，但是敢于领先行业变革而率先改变的就会胜出，成为新的强者。

21世纪不动产中国区联合创始人、CEO

前言

2018年，有一次在商学院授课的课间，几个学员围着我问我有没有出过什么书，想买来进一步学习，自此我便萌发了要写书的念头。之后两年的授课过程中不断有学员问起书的事情，我能深刻感觉到大家想要学习的迫切心情。只是直到2019年初，我才开始真正动笔写这本书，历经1年10个月的时间，终于在这个无论是对于中国还是对于世界来说都非常具有挑战性的一年，完成了此书的初稿。

在我的观念里，出书是一件很严谨的事，尤其是经管类的图书，一定是经过深思熟虑以及大量的资料研究之后才能完成的，这样才不会误导读者。虽然在近30年的职业生涯中，我曾就职于多家知名互联网企业和传统企业并担任高管，而且现在在管理自己的公司，近两年也在各大商学院进行授课，但是要将自己的经验和观点提炼总结再编写成书，还是需要一个相对充足的时间准备的，这既是对读者负责，也是对自己负责。

为什么要写这本书

最近两年在各大商学院面对传统企业家的授课，我深深地感受到很多传统企业已经开始跟不上这个时代发展的脚步了。我们很多中小实体企业仍然抱着20世纪的经营方法和运营理念，在面对新技术和新模式的冲击时毫无还手之力。在与数百家实体企业老板的交流以及对其企业的调研过程中，我发现尽管很多企业面临的问题表面上虽然是各种各样的，但是其本质上离不开以下几个方面：

- » 定位不准，赛道判断错误导致进入红海竞争；
- » 商业模式不清晰，变现能力和持续盈利能力不足；
- » 营销模式传统、单一，不知道如何借力互联网，无法与新兴创新型企业抗争，抗风险能力弱；
- » 产品同质化严重，无法形成核心竞争力，只能打价格战；
- » 产品无法快速放量，运营模式沉重；
- » 现有业务市场萎缩，但不知道如何转型。

因此，我决定开始着手写这本书。1994年大学毕业我进入IT行业，到1998年参与新浪网的创业并出任新浪第一任产品总监，后又在百合网、赶集网等几家互联网企业担任产品VP，在2010年投入到了传统行业的互联网及数字化改造中，可以说是完整地经历了企业从0到1的发展过程，并且在所服务的企业中完成了传统行业与互联网的深度融合并取得了很好的效果。这些年有成功的经验，也有失败的教训，所以我想把这些经验分享出去，希望能对其他企业有所帮助。

作为一名资深的产品人，我一向以自己创造的产品获得成功作为自己成就感的唯一来源，这次也毫不例外。我希望这本书能够帮助更多的中小企业完成新时代下的升维创新。

本书主要适用于以下几个范围：

- » 传统实体经济转型升级；
- » 老板送给员工的创新学习手册；
- » 产品经理向商业产品经理晋级；
- » 创业者。

本书的主要内容

在 20 余年的商业发展进程中，人类经济社会经历了一场巨大的产业升级和消费升级。企业如何能够快速、平稳、无风险地进行转型和升级？

创新是我们这个时代最重要的经济和商业现象之一，创新改变了人类的生产生活方式，带来了传统产业的发展，并引领我们进入一个创新经济时代。创新经济时代的核心逻辑在于：以客户为中心，以价值创造为核心。

客户是一切商业经营的基础，因为在这个时代，客户是我们创造价值的主要对象，而我们为客户创造的价值越多，我们获得的商业回报也就越多。这是一个以客户为中心、产品为王的时代。产品是企业为客户提供价值的唯一载体，也是连接企业和客户之间的唯一纽带！这也正是本书创作的宗旨。这一点在本书正文内容中会重点为大家讲解。但如果你仔细解读这两句话，就会发现在进行企业转型和升级的时候，必须从企业的基础核心竞争力，也就是产品打造开始。所以，产品创新也就成为现代企业生存与发展无法回避的必由之路。

创新经济时代下，科学技术的不断发展，推动着我们的生产和生活方式发生了结构性的升级改变。在这种外部大环境的变化趋势下，行业内的企业也要做出相应的经营策略调整。企业的任何一次创新都不是发生在某个局部的动作和改变，而是一个有机体的整体升级，就像机器，哪怕只是单独改变它的某一个零部件，而其他部分不做相应的调整，也会带来整个机器运转的失灵。

在企业经营——战略、产品、营销、管理这四个模块中，产品显然是一个核心基础部分，但我们都很难做到窥一斑而知全豹，所以本书从产品的角度切入，清晰阐述了定位、商业模式、战略、产品、品牌、营销理论之间的关系，以及企业在转型升级过程中，从产品出发到企业的战略、营销以及管理上应做出的创新与突破。

本书突破了很多图书只讲理论、没有实战、缺少方法的窘境，从思维到方法以及大量亲身经历的案例，进行了全面且系统的讲解，希望通过这些帮助读者快速掌握产品创新的实战方法，并完成产品驱动下的企业升维创新，实现企业价值的指数级增长。

目录

第一部分 认知篇
创新经济时代传统企业发展的"危"与"机"

第1章 大产品是企业的核心业务资产
　　认识大产品　005
　　大产品与企业战略顶层设计　006
　　思考与练习　010

第2章 一个被互联网改变的创新时代
　　伴随着互联网五个时期快速发展的创新经济　011
　　传统行业与互联网融合的三个阶段　013
　　创新经济模式对传统行业的刺激　015
　　传统企业面对互联网带来的冲击与改变　016
　　思考与练习　022

第3章 创新经济时代下传统企业转型升级之路
　　传统企业如何进行转型升级　023
　　放下包袱,让新事业腾飞　025

传统企业转型升级中的"天坑" 029

思考与练习 030

第二部分 思维篇
创新商业价值从产品开始

第 4 章　产品驱动下的企业升维创新
转型升级，从产品打造开始　033

升维创新战略的理论基础　035

重新理解产品　038

从产品到产品创新　042

思考与练习 047

第 5 章　通用法：抓住转瞬即逝的产品创新机会
产品创新的四种手段　048

产品突围的五种创新思维模式　053

思考与练习 063

第 6 章　进阶法：基于产业链的产品创新
学会利用工具打开你的思维边界　064

渐进式产品创新重塑商业价值的六种方法　075

思考与练习 085

第 7 章　高级法：产品升维创新驱动企业转型升级

升维创新开拓产品新格局　086

颠覆式创新和融合式创新　092

思考与练习　094

第三部分　方法篇
从 0 到 1 打造企业核心业务资产

第 8 章　找准赛道：把握商业趋势，赢在起跑线

趋势是最大的赛道　097

改变人类生产和生活方式的七项关键技术　098

根据趋势判断赛道　106

思考与练习　109

第 9 章　价值挖掘：挖掘具有商业价值的客户痛点，打造产品核心价值

客户肖像越清晰，产品就越聚焦　110

需求、刚需和痛点的关系　118

痛点挖掘的方法　121

打造客户视角的极致产品体验　122

思考与练习　124

第 10 章　商业洞察：做好企业级产品定位

什么是定位　125

为什么要做定位　126

如何找到合适的定位　127

> 思考与练习　135

第 11 章　平稳升级：零风险产品打造的核心秘籍

数据说话：产品能量评估五大公式　136

快速迭代，不断提升价值输出　138

MVP 最轻量级可行性产品测试　139

> 思考与练习　146

第四部分　战略篇
创新型企业顶层设计

第 12 章　产品驱动的创新商业模式设计

商业模式的定义　149

商业模式设计的三个步骤　150

商业模式的九个关键模块　151

商业模式设计的原则及工具　162

> 思考与练习　165

第 13 章　企业级产品战略设计

什么是战略　166

产品战略与战略之间的关系　167

产品战略的制定与实施步骤　170

助力产品战略落地的实战方法　180

思考与练习　183

第 14 章　保障企业创新型战略落地执行的组织资源

组建创新型团队，打破组织惰性　185

数字化加速推动创新变革　186

科学的战略管理体系让战略落地更高效　188

有效激励推动主动战略执行　194

动态纠偏，实现战略闭环管理　195

思考与练习　197

第五部分　营销篇
将产品高效推向市场的营销法则

第 15 章　高效推广的三个基础

有良好口碑基础的产品　202

定位精准的客户群　203

关键性资源和系统能力　203

思考与练习　204

第 16 章 营销创新的六个方向

专家式营销,向服务要利润　205

全方位的体验式营销,打破理性消费魔咒　206

新社交营销,升级病毒式口碑传播　208

精准的数据化营销　210

超维的跨界整合营销　211

构建全渠道营销模式　212

思考与练习　213

第 17 章 新媒体营销与品牌的有效传播

快速引爆客户口碑的三个步骤　214

品牌营销传播的三个发展阶段　220

构建属于企业自己的媒体矩阵　221

利用自媒体进行创意营销的经典案例　231

思考与练习　235

第一部分 认知篇

创新经济时代传统企业发展的"危"与"机"

这是一个经济高速发展的时代，在数字化技术的驱动下，人类的生产和生活方式都发生了巨大的改变。无论是各个行业的产业链结构，还是消费者的购买行为及其所购买的商品都发生了显著的变化。

在外部环境发生重大改变的前提下，要求企业和个人都做出相应的改变与调整，这就是本书所说的创新。领先于行业改变而率先升级的企业能够有机会成为所属行业中新的领军企业，适应行业改变而变化的企业能够生存下来，落后于行业改变的企业则被淘汰出局。

根据我多年在互联网企业的经营实践，我将能够直接应用于企业的实战型创新分成五个组成部分：管理优化与创新、技术与工艺创新、产品创新、营销创新、战略创新（见图I–1）。

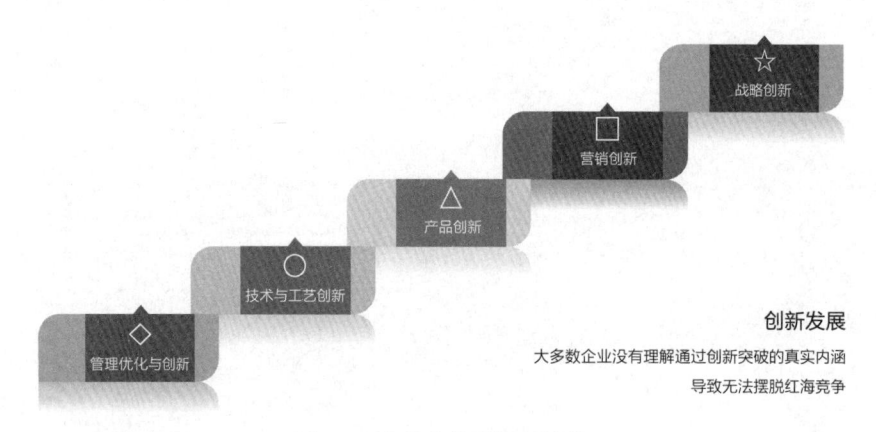

创新发展
大多数企业没有理解通过创新突破的真实内涵
导致无法摆脱红海竞争

图 I–1　企业实战型创新结构

管理优化与创新

管理优化与创新是贯穿在企业全生命周期中重要的一个组成部分，其目的是通过对企业内部管理模型及流程的持续优化，不断提升效率，降低经营成本。但是如果外部环境发生大的改变，而内部的优化与创新在应对外部的变动时则显得有些乏力。

技术与工艺创新

技术与工艺创新能力是企业最重要的核心竞争力，也是创新中相对较难的领域。能够持续进行技术与工艺创新的企业会成为细分行业的领军企业，世界500强及中国500强企业中的绝大多数企业都拥有这个显著的特征。

大多数中小企业在创办初期都拥有本行业内独特的技术优势，但是随着时间的推移，这种优势变得越来越不明显。受到资金和技术的双重压力，持续地进行技术与工艺创新对于大多数成长型企业相对较难，因此企业很容易就进入红海竞争市场。

产品创新

产品是企业为客户创造价值的载体，其重要性不言而喻。当企业在技术与工艺上无法进行持续创新时，就可以通过持续的产品创新，完成对客户的独特价值创造，从而提升业绩。产品创新的根本是以客户为中心，基于现有产品不断进行优化和升级，从而拉开与同品类产品的差异性，打造出产品独特的竞争力。

营销创新

营销是企业将价值主张传递给目标客户的过程。当企业的产品符合客户需求的时候，我们可以通过创新营销模式、方法和渠道将产品给客户带来的价值主张，通过最高效的途径传递给精准客户群体。

战略创新

战略方面的创新，就是通过创新型商业模式，将我们创造的客户价值转化为企业价值，从而让企业获得相应的商业回报的过程。

对于大多数成长型企业而言，空谈战略只能让企业陷入空想状态，产品和营销才是成长型企业最重要的两个核心经营要素。只有在产品和营销上进行创新，才有机会拉开与竞争对手的差距，从而形成创新型的差异化竞争战略。因此，要特别重视产品与营销的创新（见图I-2）。

价值创造　　价值传递　　价值转化

产品创新　　营销创新　　战略创新

图 I-2　企业实战型创新的三个重要组成

BIG PRODUCT-ORIENTED
THINKING

第 1 章
大产品是企业的核心业务资产

认识大产品

大产品特指通过商业视角对企业级产品进行战略规划，使企业获得可持续高速发展的核心业务资产。

"大产品"概念的提出，解读了创新经济时代下独角兽企业[①]高速发展的原动力。大产品的战略意义在于针对产品的研究不再局限于传统意义上的产品本身，而是基于企业战略乃至产业层面去重新审视、梳理和改造企业的产品线，通过以价值创造为核心的产品创新突破，奠定企业高速发展的核心基础。

20多年来，全球不同行业中出现的多家快速崛起的独角兽企业都拥有一个显著特征——具有一个足以支撑其商业模式可持续运行的产品，这个产品的明显特点是可为企业规模化发展提供足够的客户，我们称之为关键产品。基于这个关键产品与其他流量型、利润型以及渠道型产品的有机组合，进而影响、改变、升级企业的营销模式、服务模式和成本结构等，让企业的商业模式得以创新，实现企业价值的指数级成长，这就是我们所说的"使企业获

---

① 独角兽企业是投资行业尤其是风险投资业的术语，一般指成立时间不超过10年、估值超过10亿美元的未上市创业公司。独角兽企业被视为新经济发展的一个重要风向标，主要在高科技领域、互联网领域尤为活跃。

得可持续高速发展的核心业务资产",也就是本书所提出的"大产品"。

大产品是创新经济时代下企业综合经营能力的具体表现,其包括思维升级、产品创新、营销再造、战略重构,最终实现企业的商业模式升级。大产品的逻辑示意图如图1-1所示。

以客户为中心	战略 顶层设计	愿景与使命	企业定位	商业模式 价值转化	战略管理	战略分解	……		数字化 指数级引擎	创新
	营销 价值传递	营销战略	企业品牌	产品品牌	创始人品牌	销售工具				
		内容营销	跨界整合营销	公/私域流量	……					
	产品 价值创造	产品战略	关键产品	流量型产品	利润型产品	渠道型产品				
		锚定产品	赛道细分	竞品分析	产品定位	产品创新				
		客户细分	客户画像	需求挖掘	创新思维	创新方法				
		创新工具	服务创新	体验创新	粉丝模式	内容化				
		商品化	MVP	技术与工艺创新	……					
	运营管理 综合支撑	人力资本	信息资本	组织资本	流程管理与优化	……				

图1-1 大产品逻辑示意图

基于大产品驱动的企业指数级成长型商业模式该如何架构?我们会在后面的章节中进行详细阐述。

大产品与企业战略顶层设计

近些年的经营实践表明,当一家实体经济企业经过了几年甚至十几年的发展遭遇了增长瓶颈,或者经历了短时间野蛮生长期后停滞不前的创业企业,就需要进行一次企业战略顶层设计的梳理与升级。我们把在快速成长过程中的企业战略顶层设计分成以下几个部分。

愿景和使命

对于一家企业来讲，愿景和使命是一个非常重要的规划项，是企业前景和未来发展方向的指引。它不仅是企业责任和经营目标的体现，也是指导员工行动准则的基础，还决定了一家企业未来能够发展的空间。

企业定位

企业定位是指企业通过其产品和品牌，基于客户需求，将其企业独特的个性、文化和良好形象定位在占领客户心中对应的重要位置。在产品定位、品牌定位和企业定位三者的关系层次上，成长型企业一般会经历从三位一体到逐步将产品定位、品牌定位和企业定位三者进行分离的过程。

关于成长型企业，有三个定位的核心要点：企业的主要客户是谁？企业是做什么的？相比竞争对手，我们的核心优势是什么？

企业定位是为了在我们企业内部明确发展方向，并且通过产品和营销不断地强化我们的核心竞争力，从而在细分领域脱颖而出，成为这个领域数一数二的品牌。

关键产品及产品战略

在创新经济时代，高速成长型企业必须具备一个支撑企业可持续发展的关键产品（有些行业称之为关键业务），并且在此基础上，构建企业级产品矩阵，将关键产品、流量型产品、利润型产品、渠道型产品以及应用于营销使用的"锚定产品"等进行有机组合，不同的产品承担了企业赋予的不同的使命，因此，不能孤立地认为企业中的每一个产品都要承担为企业赚取利润的目的。相反，每一个产品不同使命的组合，才能使企业站在全局的视角，打赢与竞争对手的差异化竞争。

营销策略

在创新经济时代，随着互联网、云计算、大数据等带来了企业营销方面的一次重大升级，不论是营销模式、营销手段还是营销渠道，都出现了明显的变化。对于大多数成长型企业，产品和营销在企业的实际应用中无法人为切分开。好的产品自带营销，而好的营销可以弥补产品中的不足。传统的产供销模式已经被一体化的产品、营销模式所取代，这也是我们经常谈到的新营销的基础。

商业模式梳理与创新

现代企业之争就是商业模式之争。对于成长型企业来讲，如何基于产品和营销的创新基础，构建一个创新型商业模式，助力企业可持续高速发展，就是商业模式设计的目标。

数字化建设

脱离具体企业行为的数字化，本身并没有任何意义。如何利用数字化手段去进行产品创新、营销创新、管理创新是数字化转型的精髓，尤其是通过数字化手段进行产品创新，可以给客户创造更高的价值，从而获取企业相应的商业回报。

经营战略及经营规划

经营战略是企业为实现其经营目标，谋求长期发展而制订的具有全局性的经营管理计划，关系到企业的长期利益。

经营战略一般包括经营战略思想、经营战略方针、经营战略目标和经营战略措施。其中经营战略目标主要指股东目标（经济责任）、社会责任目标（社会责任）和劳资关系目标。经营战略按照性质可划分为几个不同的子战略，如产品战略、市场战略、技术战略等。成长型企业一般会以产品战略、市场战略为中心，并依此为指导，进行具体的产品研发、市场开拓与渗透等。

战略解码与落地

当我们制定了清晰的企业经营目标后，可以通过战略解码，对战略目标进行分解，落实到企业的具体岗位和时间节点，形成具体的执行计划与预算，为企业经营目标的达成提供保障。建立战略的目标管理体系、过程管理体系，以及可被落地执行的计划管理体系，才是完善的战略管理体系。

管理模型及流程优化

企业管理模型与流程的设定，其最重要的核心目标就是能够为客户提供更加稳定、高效的产品与服务。因此是否能够为客户创造价值是衡量流程是否合理的唯一标准。所有流程优化的目的都是为了实现快速从客户需求到客户满足的交付。

利用数字化手段和互联网途径，企业通过对流程的优化可以大幅降低客户的购买成本、缩短产品交付周期、提升客户服务的响应速度和满意度。这种高效的内部运营流程在给客户创造更高的价值的同时，也会为企业带来更高的利润。

组织架构、团队及企业文化建设

企业在创新过程中，为了适应快速变化的外部环境和新的内部运营体系，需要建立一套与之匹配的组织架构、具备超强创新能力的学习型团队和适应快速变化而改变的企业文化来保障企业的生存与发展。

在上述企业战略顶层设计的环节中，关键产品和产品战略是本书重点要讲解的部分，产品战略的完善与创新，会极大提升营销的效果和商业模式创新水平，让企业在残酷的竞争中脱颖而出。

> **思考与练习**
>
> 1. 什么是大产品？
> 2. 大产品对于企业的意义是什么？

第 2 章
一个被互联网改变的创新时代

伴随着互联网五个时期快速发展的创新经济

我们首先回顾一下互联网的发展历程,互联网的发展一共经历了五个时期,如图 2-1 所示。

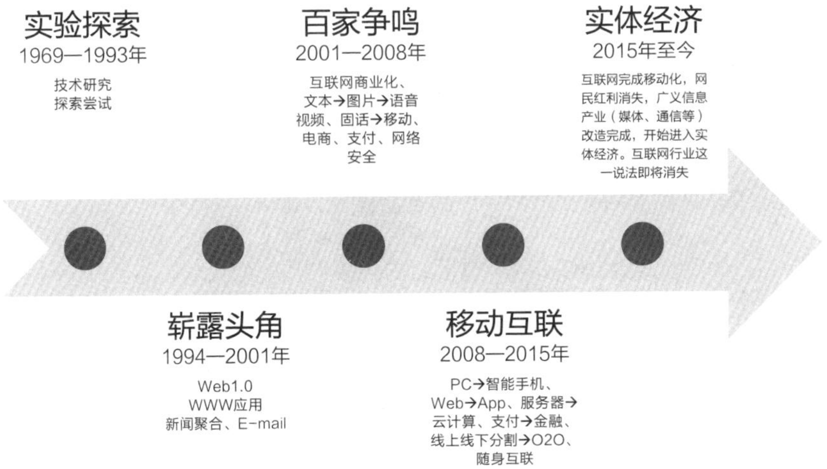

实验探索
1969—1993年
技术研究
探索尝试

崭露头角
1994—2001年
Web1.0
WWW应用
新闻聚合、E-mail

百家争鸣
2001—2008年
互联网商业化、文本→图片→语音视频、固话→移动、电商、支付、网络安全

移动互联
2008—2015年
PC→智能手机、Web→App、服务器、云计算、支付→金融、线上线下分割→O2O、随身互联

实体经济
2015年至今
互联网完成移动化,网民红利消失,广义信息产业(媒体、通信等)改造完成,开始进入实体经济。互联网行业这一说法即将消失

图 2-1 互联网的发展历程

早在 1993 年之前,互联网属于实验探索的阶段。在这一时期,世界很多著名的科研机构都在研究用什么样的技术能够将全世界的个人电脑连接起来,让它们实现单台电脑无法完成的巨型任务。在 1993 年,TCP/IP 技术的正式发明标志着互联网时代的正式到来,基于 TCP/IP 技术的第一代互联网

应用在1994年到2001年的七年中，以WWW（World Wide Web）应用为主的网站形式在全世界范围内迅速兴起。

WWW时期最主要的形态就是在电脑端提供供大众使用和阅读的网站，从雅虎、Hotmail到我国的新浪、搜狐、网易三大门户网站都是典型的代表。在这期间，基于电脑的互联网发展得到了快速的扩张，但是这个时期的互联网一般阅读属性较强，通过对大量内容的聚合来解决在当时受众信息量不足的问题，因此商业化能力单一，局限在通过广告形式变现。

从2001年到2008年的时期，随着固定接入带宽速度的大幅度提升及费用的大幅度降低，各种新形态的互联网业务及商业模式的兴起，出现了百家争鸣的现象。从早期的文字、图片为主，到后来的语音通信、视频播放、零售类电子商务、网络应用安全等各种领域出现了不同的产品尝试。我们也看到了一些类似于像电视机顶盒类的互联网应用产品，试图打通纯线上和线下的环节，但是由于周边配套环境的缺失，最终并没有获得广泛成功。随着银行网上支付体系的发展驱动、以电脑为主要方式的电子商务发展势头强劲，淘宝、京东在此期间的发展为今后奠定了坚实的基础。

在2007年开始出现了两个重量级的科技产品，而恰恰是这两个产品改变了我们人类的经济进程以及我们的生活方式，它们就是2007年3月发布的谷歌安卓系统和11月发布的苹果iOS系统。这两款智能手机系统所适配的手机，尤其是谷歌的安卓手机彻底改变了全球人类的生活方式以及商业规则。如果说2007年之前互联网仍然是以高知识、高净值人群为主要用户，那么从2008年开始，互联网这种应用形态逐渐下沉到了千家万户。按照直接结构来说，从博士到普通基层打工人员，从年龄层来说，从小朋友到老年人，都从这一刻开始逐步使用上了互联网。

2008年到2015年期间，也就是我们经常说的移动互联时代终于到来了。

基于移动互联网的一些特殊属性，比如说 GPS 的定位能力和银行体系对于移动支付的支持，互联网加速进入我们的日常生活中，让线上与线下出现了多种创新应用，如送餐 App 美团和饿了么，以及滴滴打车、盒马鲜生等新的商业应用。互联网技术对我们的生活方式产生了重大的改变，正是因为这些为我们生活带来便利的商业应用越来越多。在这七年中，中国网民的数量大幅度提升，从 2.1 亿直接提升到了 2015 年底的 6.88 亿，截止到 2019 年，网民数量已经增加到 8.54 亿。这个过程也是所谓的网民红利最大的一个时期，因为随着网民数量的暴增，各种应用和平台如雨后春笋般不断呈现出来，其中不乏一些佼佼者，比如腾讯的重量平台级应用——微信。

从 2015 年开始，互联网进入了实体经济阶段，互联网移动化带来的网民红利逐渐消逝，广义的信息产业向媒体、通信等行业改造完成。在这个过程中，前面经常会提及的"互联网行业"的说法开始消失，而互联网的应用逐渐落实到了我们生活和生产中的各个领域。这个阶段最明显的标志就是伴随着传统互联网技术的不断发展，又出现了很多新的技术，如传感器技术在生产和生活中的应用、3D 打印技术、人工智能技术、大数据技术、云计算技术、生物合成技术等都在不断带给我们突破性的产业重构。

传统行业与互联网融合的三个阶段

了解了互联网发展经历的五个时期后，我们来分析一下传统行业与互联网融合的三个阶段，如图 2-2 所示。

第一阶段：被迫期。主要存在于互联网发展历程中的第一和第二个时期。在这个阶段中，很多消费品及 3C 产品厂商的营销敏感度较高，率先触网，由于互联网早期的形态是以媒体为主，因此这些厂商成了互联网公司的首批广告客户和电商平台的首批零售商家。但是遗憾的是，在进入到第二阶段时，不少厂家并没有认真研究互联网的发展趋势，不但没有成为推动互联网前进的驱动力，反而在机会到来的时候掉队了。

```
01 被迫期        02 深入期           03 融合与跨界期
结合            整合                形成基于自身的互联网商业圈
尝试接入产品销售渠道  深度尝试服务 客服 渠道   用户经济
```

图 2-2　传统行业与互联网融合的三个阶段

第二阶段：深入期。在这个阶段，不同产业都在进行线上线下的业务整合，互联网行业提出了 O2O（Online to Offline）概念，如家政领域的 58 到家服务、河狸家美甲服务等，都在进行深度整合尝试，主要存在于互联网发展历程中的第三和第四个时期。一些企业也在此阶段不断延展自己的业务，比如通过互联网渠道做客户服务或者网上团购等模式的尝试。后期也可以称为深度整合期，其实也是互联网在进入实体经济之前的一个过渡阶段，此阶段中典型的企业有饿了么和滴滴打车等，都是充分利用了互联网的技术和平台属性，通过数字化技术快速组建了新的创新型商业模式。

第三阶段：融合与跨界期。融合与跨界创新是在上一个阶段后期商业化创新的基础上，利用更加多样化的创新技术手段以及商业形式，结合以客户为中心的设计视角，采用应用驱动的手段，产生出多种多样的新产品、新模式、新价值。这一阶段与前两个阶段对比发生了很大的变化，不再是结合与整合，而是融合。产品与服务不再区分线上与线下，而是让最适合线上的部分在线上完成，适合线下的部分在线下完成，比如近几年出现的消费级基因检测，越来越贴近我们普通人的生活。只需花几百块钱，使用机构配送的专业样器采集一些唾液并快递寄回基因检测机构，经检测和基因分析后，消费者就能够通过互联网得到一份非常详细的检测报告，从而更了解自己并更好地进行自我健康管理。通过数字化系统的建设，基因检测机构对检测产品和服务流程进行了标准化封装，将检测预约和结果查询放在线上，在解决了异地检测问题的同时，大幅度降低了线下经营成本，也获得了更大的市场。

创新经济模式对传统行业的刺激

互联网、云计算、大数据、AI 等技术带来的创新经济模式对传统行业的产品创新产生了强烈的刺激。那么到底什么是创新经济？

所谓"创新经济"就是建立在以信息为主导和制度创新基础上的，保证经济可持续增长，经济周期的阶段性特征被淡化的一种经济现象。创新经济的突出标志就是信息化和智能化，表现为与新的科技和工业革命相联系的新技术、新产业、新业态、新模式，如图 2-3 所示。

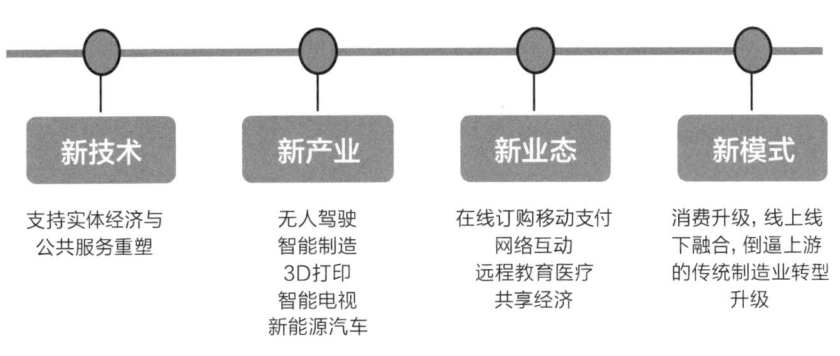

新技术	新产业	新业态	新模式
支持实体经济与公共服务重塑	无人驾驶 智能制造 3D打印 智能电视 新能源汽车	在线订购移动支付 网络互动 远程教育医疗 共享经济	消费升级，线上线下融合，倒逼上游的传统制造业转型升级

图 2-3　创新经济驱动下的新趋势

创新经济模式与传统经济模式之间具体的区别在于，建立在制造业基础上的传统经济模式以标准化、规模化、模式化、强调效率和层次为特点，而创新经济则是建立在信息技术的基础上，追求差异化、个性化、网络化和速度化。

两者在营销方式上也存在巨大差异。传统经济模式重视经营业绩的高低以及营收回报。营销手段以吸引客户为目的，重视售前营销环节，缺乏对客户满意度的评定，往往造成对客户的过度承诺导致客户体验差。创新经济模式下的营销虽然也同样重视经营业绩，但由于依托在信息技术及科技手段的创新更加重视客户的需求，创新经济更强调对客户的价值贡献。在营销上更加注重以客户为中心，通过产品的强价值点来形成口碑，从而扩大品牌传播力及影响力。因此，创新经济要求企业形成以客户为中心的思维模式和经营管理习惯，企业提供的每一个产品都能够实现企业向客户做出的价值承诺。

传统企业面对互联网带来的冲击与改变

互联网独立存在并没有产生过任何价值，也从来没有单独颠覆过任何行业。

我们经常在一些媒体上看到互联网颠覆了哪些行业，等等，更有一些年轻的创业者在商业计划书中直接写要颠覆某一个行业。如果我们回顾互联网的发展史就会发现，互联网第一个"颠覆"的行业是传媒，但恰恰是传统媒体中大批专业人员进入互联网媒体企业，才使得互联网传媒平台得以快速提升。同样，电子商务领域最先"颠覆"的是图书零售行业。事实上，图书行业整体并没有消失，只不过随着产业链的变化，价值链也发生了改变，网络书店取代了部分线下实体书店，将利润更多地返还给了消费者，而后期则出现了出版流程上的翻转式创新。

一个行业产生了颠覆式创新，往往是这个行业内懂得使用互联网技术和模式的企业战胜了那些不懂得使用新技术和渠道的企业，从而形成了产业链的巨变。因此，如何利用新技术和新模式完成企业的升维创新，就成了这个时代企业极其重要的必备技能。

互联网到底能给传统行业带来哪些改变呢？我们从以下六个方面进行分析，如图 2-4 所示。

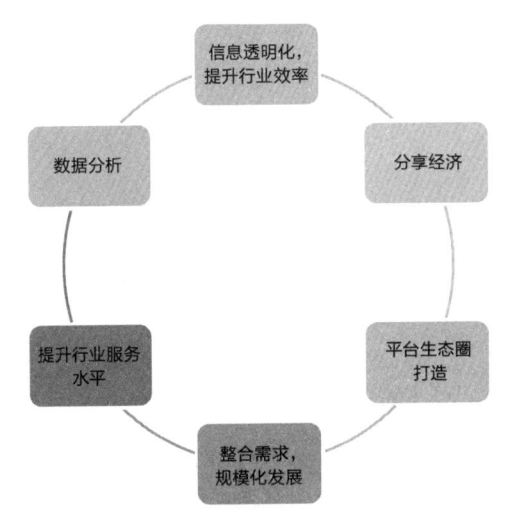

图 2-4　互联网对传统行业的提升与改变

第一，信息透明化，提升行业效率。互联网具有很强的跨地域和跨时空的天然优势。利用这种优势就可以充分解锁信息不对称的价值创造，从而带来行业效率以及客户体验的提升。在你所从事的行业中，如果产品利润中有部分的利润来自信息不对称的原因，那么你要考虑这部分利润在未来很有可能会降到很低，甚至清零。而率先进行大胆变革，重新定义产品价值链的企业，就会引领行业发生改变，从而成为领军企业。

第二，分享经济。利用分享经济原理，通过社会化平台分享闲置实物资源或知识财富，以低于业内专业企业经营的边际成本向客户提供服务并获得平台收入。分享经济将社会海量、分散、闲置资源进行平台化的集聚、复用与供需匹配，从而创造更大的经济和社会价值。

第三，平台生态圈打造。基于对某行业产业链的熟悉程度，建立生态型平台产品，重新定义合作伙伴的角色以及价值交换的方式，通过整合产业链上下游资源，开放部分公用资源接口，强调角色专业分工，形成共存共赢，实现平台型生态布局。

第四，整合需求，规模化发展。当前很多快消品企业，由于渠道过量、商品流通环节过多、管理混乱、区域封锁、城市与乡村的分割等原因，导致利润低，营销难度大。利用互联网的优势采用产品分类策略，推进中小企业的产业链整合，提升产业链一体化经营、服务水平，实现规模化发展。

第五，提升行业服务水平。对于金融、中介、农业、餐饮、零售连锁等服务型领域，可通过构建信用体系、监督机制和评价机制，以及第三方便捷服务方式，完成信息共享、统一服务及流程再造，站在客户角度实现对企业的监管及对社会的价值提升。

第六，数据分析。尤其是在近几年出现的大数据，可以让我们拒绝守株待兔、大海捞针的方式，来精准追踪客户，并利用大数据分析的方法更加精准地锁定和服务好我们的客户，从而进一步进行数据的分析以实现更好的营销。

跨界打劫

系列长篇科幻小说《三体》中的一句话给我留下了深刻印象——毁灭你，与你有何相干？

这句话充分地反映出了这个时代的一个特点，就是跨界打劫。而在技术驱动下的经济社会发生升级的过程中，跨界打劫往往会形成常态。

跨界打劫可分为以下几个类别：

（1）利用跨行业成熟业务模型打劫其他行业；

（2）利用品类定义误区进行打劫；

（3）利用资本杠杆差进行跨界打劫；

（4）利用新出现的技术发现新机会跨界打劫相邻行业；

（5）利用数字化转型去货币化的原理进行产品创新打劫相关延展产业；

（6）产业内逆向打劫，离终端越近的企业越容易跨界打劫产业的上游企业。

我们能看到一些方便面厂家被美团和饿了么进行跨界打劫，也能看到微信在迅速崛起的过程中打劫了电信运营商的短信收入，正因为微信给目标客户群体带来了每年节省上百亿元短信费用的经济价值，让腾讯公司的企业价值也在股市中得到了充分体现，获得了巨大的成功。这种类似的跨界打劫还发生在很多领域，比如我们每天都会使用的智能手机，不仅打劫了数码相机产业，甚至延展到了胶片、相纸、照片冲洗店，乃至纸质相册的生产销售。

不只如此，智能手机打劫的范围更广，除了打击了很多传统的便携相机企业外，同样对于发行银行卡的金融机构也产生了强冲击。在强冲击下，迫使金融机构不断思考如何更好地服务于客户，提升其产品对客户的价值创造。每当出现一个核心应用级产品的跨界打劫后，往往会带动相关延展产业的连锁反应。在智能手机对传统金融机构产生强冲击下，现金的使用和信用卡、实物会员卡领域相继产生大的应用改变，间接又造成了皮具生产、销售企业的业务量大幅度下降。

在今后很长一段时间内，跨界打劫会成为常态，你的竞争对手也许不是那些和你做着同样业务的企业。因此，我们必须时刻保持清醒，对企业的顶层设计进行再梳理，判断我们的企业到底是在哪个赛道？我们的产品在哪个品类？我们的竞争对手到底是谁？

利润降低

很多传统实体经济企业的利润近些年出现了严重的下滑,排除传统内部流程管理问题所造成的利润降低的原因,其主要原因还是营销链条过长以及品牌溢价过低,而这两个问题都可以通过产品的创新来有效解决。

营销链条过长

采用传统产供销经营模式的制造型企业,每制造生产出一个产品,则需要经过总代理、区域代理、一二级代理、终端零售渠道才能触及消费者。而通过对互联网手段的应用,可以大幅度缩短传统的营销链条。但是在你决定动手缩短营销链条前,我们要先强调一个重要的产品概念。

近些年谈到产品,我们经常会对产品进行一个非常流行的分类,就是C端产品和B端产品。有些企业家对此概念进行了延展,经常说我们是ToB的,我们的业务是ToC的。但是很遗憾,在这个转译的过程中,我们不知不觉地混淆了两个概念,并且在此基础上进行了错误的后期改造。

C端产品特指提供给消费者客户使用的产品,而B端产品特指提供给企业客户使用的产品。很多明明是做C端产品的企业,因为平时面对的主要是渠道商,而错误地将自己放到了ToB的业务范畴,如图2-5所示。

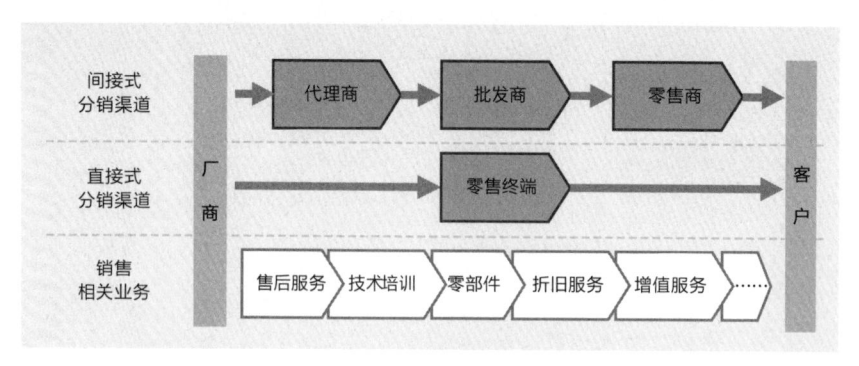

图2-5 传统产业链

在企业进行营销链条的优化中，出现了第二个陷阱：将原有通过渠道经销出货，改为直接面对消费者出货。如此简单地直接短路掉所有中间渠道和经销商就成功了吗？这两者之间最大的区别是什么？为什么很多企业经过这样的改造最后还是失败了？

我们的产品越直接推送到终端客户，我们的营销成本就会越高。这也是互联网企业在初期为何烧钱的原因。这个世界不是只有0和1，中间还有0.2、0.3、0.7、0.8……因此我们不应片面地理解，将ToC和ToB进行粗暴的转化。我们可以通过对产业链进行合理分析，将营销链条中一部分不创造极大价值的环节短路，利润返还给其他营销节点的合作伙伴或者消费者，同时换取我们的利润提升。

品牌溢价过低

品牌溢价就是品牌的附加值。同样的产品，没有品牌的产品和知名品牌的产品比较，你可能情愿多花钱购买后者。两者在客观功能上相差不多，但是情感价值不同，当你把产品品牌塑造成在消费者心目中高于其他品牌的形象，而这一形象客观上又在不同场景下帮助了消费者自身价值的提升，品牌溢价就变成了自然而然的事情。

中国之前被称为世界制造工厂，标有"Made in China"的产品遍布世界各地。我们在为自己强大的制造实力而自豪的同时，更要将中国制造升级到中国创造，从单纯的加工、代加工升级到拥有自主品牌的产品。之前以价格取胜的思维应该转变为品牌经营，以提高品牌溢价来获取更多的利润，实现企业长期发展的战略转变。

如何通过产品的创新实现品牌溢价，提升企业的盈利能力，保持可持续发展，我们在后面的章节里谈到品牌和产品的关系时会进行详细阐述。

思考与练习

1. 你所在的企业目前处在互联网发展的第几个阶段，其主要特点是什么？
2. 经常听到的互联网对某个领域的"颠覆"是如何产生的？
3. 你所在企业的竞争对手是谁？在本领域中，出现过打劫的情况吗？

第 3 章

创新经济时代下传统企业转型升级之路

风险永远与机遇并存,这个世界上企业遇到的危机越大,机会也就越大。危机往往是针对整个行业的,而机遇则青睐那些做好充分准备的企业。

到底是升级还是颠覆?没有对产业链认真的落地研究,泛泛地空谈颠覆是一种无知的表现。我们时常能看到在某个行业中出现颠覆式创新的情况,往往都是由行业内的企业或者对某种业务形式非常熟悉的企业跨界完成。这就要求我们必须认真地学习新技术和新模式。

传统企业如何进行转型升级

随着移动互联网的快速发展,使用手机处理各种事物已经成为大众生活中必不可少的一个组成部分,因此,互联网开始渗透到媒体、零售、金融、服务等各个行业。

传统企业开始尝试进行线上营销,通过电商平台实现新营销渠道的建设,但通过互联网思维方式,进行可持续发展规划的企业并不常见。

互联网带来的模式改变并非让传统产业消亡,而是加速了传统企业以新的姿态去适应新环境的周期。针对创新经济时代的趋势特点,传统企业的转型升级可以从以下几个方面启动。

改变思维

移动互联网带来的是一场颠覆传统市场营销和服务方式的变革。要使用互联网思维的方式，创新企业产品的宣传推广、销售、运营和服务模式。

在实际进行企业战略规划时，企业管理层不能只停留在对互联网+、O2O、B2C、B2B、AI、大数据等概念性名词的认知上，而是要深刻理解概念的本质，并做到灵活落地应用。

找准方向

在创新经济高速发展的刺激下，一些传统企业也开始转型升级，但不能盲目转型，将"转型"做成了"转行"。要对企业自身进行充分的战略分析，在转型升级过程中，利用自身优势、资源和经验进行规划，而不是盲目进入一个新的赛道，因为这种盲目的大踏步"前进"往往容易导致企业转型失败。

升级模式

一个成功企业的商业模式是无法被完整复制的，因此不能盲目进行抄袭。

在进行模式升级的时候，可以使用商业模式工具对企业现有商业模式进行梳理，结合行业趋势及产业链分析，坚持以价值创造为中心的原则，重新明确企业的愿景、使命、新定位。然后再进一步进行商业模式的创新设计，制订相应的经营战略和分解计划，并落地执行。

在商业模式完整落地执行前，各环节需要进行反复的测试，确保模式运营有效。

创新产品

新型商业模式要求以客户价值创造为核心进行设计，产品的重要性显著增强，甚至成为影响企业商业模式创新能否成功的关键。在过去，很多传统企业往往是先做出产品，再进行推广与销售；而在创新经济时代，企业需要以客户为中心，生产满足市场和客户需求的产品，并且将部分品牌推广及营销环节提前植入产品中。

组织保障

现代企业之争，就是商业模式之争。而创新型商业模式的实现需要有与之匹配的组织及管理机制作为支撑。

传统企业转型升级阶段要特别重视团队核心岗位人才的建设。如果说传统企业的成功可以是企业少数关键人员的作用，那么在互联网时代下则更加强调多种能力融合的团队力量。

无论是引进人才还是培养现有员工，都必须在组织结构、淘汰晋升、薪酬绩效及企业文化等方面，建立一套让优秀员工与企业共同发展的管理机制作为保障。

本节只是对传统企业转型升级的方法进行了简单的陈述，而在后面的章节中，我们会结合案例对五个步骤给出具体的方法。

放下包袱，让新事业腾飞

生意与事业的区别

生意和事业到底有什么区别？我们是在做生意还是在做事业？为什么有

的企业赚钱，却得不到资本青睐，而有些企业在持续亏损，反而能够上市？

大多数企业是在做生意，而只有少部分企业是在做事业。不是所有当前盈利的企业都是具有长期价值的企业，恰恰是那些未来具备长期盈利能力的企业，才是在做事业。而生意是可以升级为事业的，我们可以按照一家企业在未来15到20年预期对社会所创造的价值进行区分。

在这里，我们提出了一个非常重要的关键词——价值。

现代企业之间的竞争是商业模式之争。商业模式指的是一个企业可持续发展的模式，其中最重要的就是价值主张。如果一家企业要获得可持续的长期发展，就要认真思考企业给目标客户群体带来了什么样的价值主张。企业为目标客户群体带来的价值越大，那么他所获得的经济回报也就越高。

谈到价值，它包含两层含义：一个是企业实现的经济价值，一个是社会价值。这也同时解读了为什么有一些企业尽管目前有盈利，但是投资方并没有给出很高的估值；而有些企业虽然目前持续亏损，但是投资方仍然能够给出很高的估值，甚至能够上市。

腾讯公司于2011年正式推出了微信。微信为目标客户降低了大量的短信支出，而每年短信总支出在百亿元以上，那么我们就可以预测微信在未来15到20年里创造的价值至少是上千亿的价值，因此腾讯公司受到了资本的追捧（见图3-1）。

传统企业的转型和升级相当于二次创业，在这个过程中不应该轻言颠覆，而应该放下包袱，利用原有的优势让新事业腾飞。

一家企业在初创阶段，创业者会尝试各种能够赚钱的业务，让企业首先能够生存下来。很多企业在度过了两到三年的生存期以后，就把自己第一阶段的业务作为自己的主产品，持续做下去。当宏观市场环境发生改变后，这样的业务往往抗风险能力不强，且价值创造趋势表现为线性，而非数字化时代的指数级特征。于是在经营了七八年以后，企业家会出现困惑，而这个困惑就是我们经常谈到的瓶颈期。

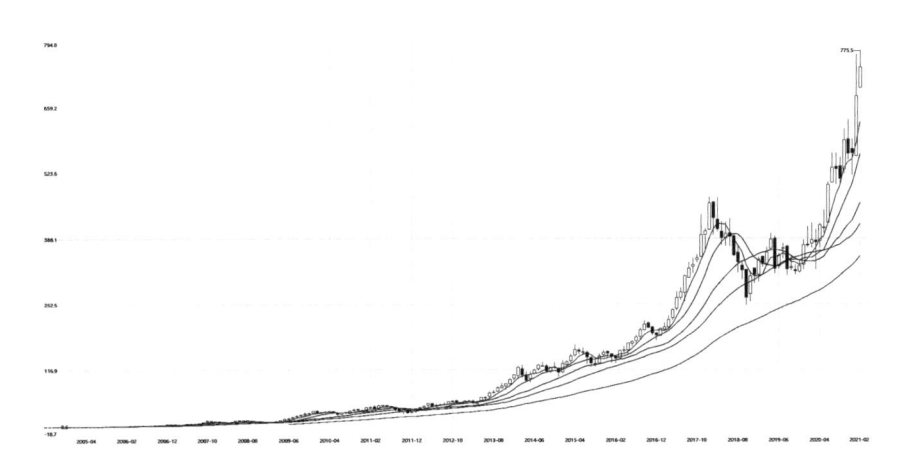

图 3-1　腾讯公司的股价走势图

突破自身瓶颈，让企业得到一次飞跃式的质变，需要我们抱持做事业的心态，也就是在我们创办企业的时候，重新审视我们的企业，看看我们的价值创造体系在哪里出现了问题。再结合使用我们后面将会讲到的基于大产品的商业模式创新方法，来重新架构我们企业的顶层设计，从而让我们的新事业实现腾飞。

传统企业二次创业的优势

前面我们提到过，在未来赛道中对你实施打劫的企业，未必是和你做着同样业务的企业，也许是某一个在孵化器中的新型初创企业。因此传统企业在二次创业中，要充分利用原有的资源优势形成竞争壁垒。对比新进入的竞争对手，传统企业通常会有如下四个竞争优势。

- » 有一定线下品牌影响力和初始客户资源；
- » 有稳定的资金流量；
- » 行业资源相对丰富；
- » 对于产业链和业务流程极其熟悉。

传统企业在二次创业中最应该避免什么？答案就是我们经常谈到的"专家思维"。我们知道商业模式发展的速度越来越快，过去20年的发展至少超过了人类经济社会几百年的发展变化，因此，很多过去在生产和生活中的经验到现在已经不再适用了。

什么叫"专家思维"？在企业的经营过程中，我们经常会基于过往行业的从业经验对一个新兴事物进行判断，分辨其是可行的还是不可行的。但是很不幸，由于目前社会发展太快，导致我们原有的经验不但不能成为我们在转型升级时的宝贵财富，很多时候反而成为制约我们创新的障碍，让我们失去了很多的宝贵商机。

例如，10年前我们在异地出差的时候，书包中一定会带着钱包，而今天我们出差只需要带手机、身份证，最多带一个充电宝就可以了。也就是说，10年前我们的经验已经失效了。同样，这也适用于我们的事业，没有什么经验可以一直使用下去，因为发展的速度越来越快，今天总结的经验也许在五年后就不能再使用。所以，学习型组织的建立就是为了强化企业的核心竞争力。至少从20余年前参与新浪创业到今天，我一直保持着不断学习的习惯。

在进行创新的过程中，我们首先一定要尽量抛弃我们的专家思维，采用空杯心态。先抱着学习的态度去接受创新所带来的变化，寻找新的机会，之后再将我们拥有的行业经验中有价值的部分注入新的规划中，从而形成企业独特的优势。

在数字化时代的大环境下，传统企业运用互联网手段来实现转型升级已经屡见不鲜。除了互联网以外，还有其他一些新的技术也将会给我们的创新带来机遇，比如，传感器、云计算、3D打印、大数据、人工智能、生物合成技术等都可以给传统产业注入新鲜的血液，助力传统企业的转型升级。

任何时候都不要空谈颠覆，企业可以从自身的特点出发，应用新的技术、模式和对产业链的深度分析进行产品创新和商业模式创新，再结合自身优势，一定能突破发展瓶颈，成功实现转型与升级。

传统企业转型升级中的"天坑"

为了保障在新时代下中小型传统企业顺利转型升级，根据我自己的实践经验，本书总结了一些能够让你在思维和人力资源准备方面规避掉的陷阱。

- » **在思维上总想一步做到位。** 最好能有一个短时见效的方法将自己的企业转型为一家具有超强竞争力的现代化企业。转型升级的过程可以加速，但不可逾越。转型和升级是一个立体化的过程，涉及产品、营销、品牌打造、流程优化、人力资源等方方面面，一步到位的思维方式会让创新动作畸形，进而导致升级失败。

- » **浅尝辄止，不敢试错。** 战略上要坚定，谋定而后动。方向一旦确定，在一定时间周期内就要坚定不动摇；战术上要敢于试错，通向目标的道路有千万条，要通过快速迭代和不断试错的方法，寻找最佳路径。

- » **急功近利，一开始就想通过互联网卖爆。** 短时间内采用线上营销的方式确实见效快、回报高，但这种急功近利的思考方式恰恰也导致我们忽略了产品建设方面的投入，任何营销手段都有很强的时效性，而没有一个超强核心竞争力的产品，企业是无法持续发展的。

- » **认为互联网等于微营销。** 这种思维方式还停留在互联网和传统行业相结合的第一阶段。通过互联网来做营销，在网民红利越来越小的时期，营销的机会和手段越来越难，需要我们将产品和营销配合起来进行创新，才能找到有效的盈利模式。

» **营销思维、产品思维和客户思维的切换困难。**产品思维与营销思维是由产品经理与营销经理的岗位角色所决定的。我们经常面临困惑，产品思维为了保证体验性，设计了很多叫好不叫座的产品，却没有商业价值；而营销思维主导下的产品，往往生命周期短暂，且不具备实现自我扩散的能力。

在一个供不应求的市场，客户体验再差的产品都有可能实现高溢价与高销量；而在一个充分竞争的市场，没有抓住客户刚需和痛点，没有价格优势的产品注定会失败。

不同于营销思维和产品思维，我们主张客户思维，就是以客户为中心，以客户能得到的价值作为产品研发的初衷。要避免一直强调我们有什么，而没有强调客户真正需要的是什么。

» **团队建设方面的储备不足。**企业组织结构和人员状态不适应新时代产品研发、营销途径变化；公司领导者缺少正确识别互联网＋人才的能力，被不断误导；企业创始人与员工的经营理念和战略理解高度不同频，造成了战略与战术脱节；企业对创新型人才的理解以及愿意付出的成本明显认识不足。因此，建立学习型组织是当前经济环境下企业必不可少的基础建设。

> **思考与练习**
>
> 1. 生意和事业的区别有哪些？我们的企业目前属于哪一类？
> 2. 为什么转型升级要从产品开始？
> 3. 你的企业的产品具备上述特征吗？如何改进？
> 4. 什么是产品？你的企业的产品是什么？
> 5. 产品创新的几个层次是什么？能否将自己企业的产品按照上述的层次进行一个梳理？

大产品思维

产品是企业为客户提供价值的唯一载体,也是连接企业和客户之间的唯一纽带!

大产品特指通过商业视角对企业级产品进行战略规划,使企业获得可持续高速发展的核心业务资产

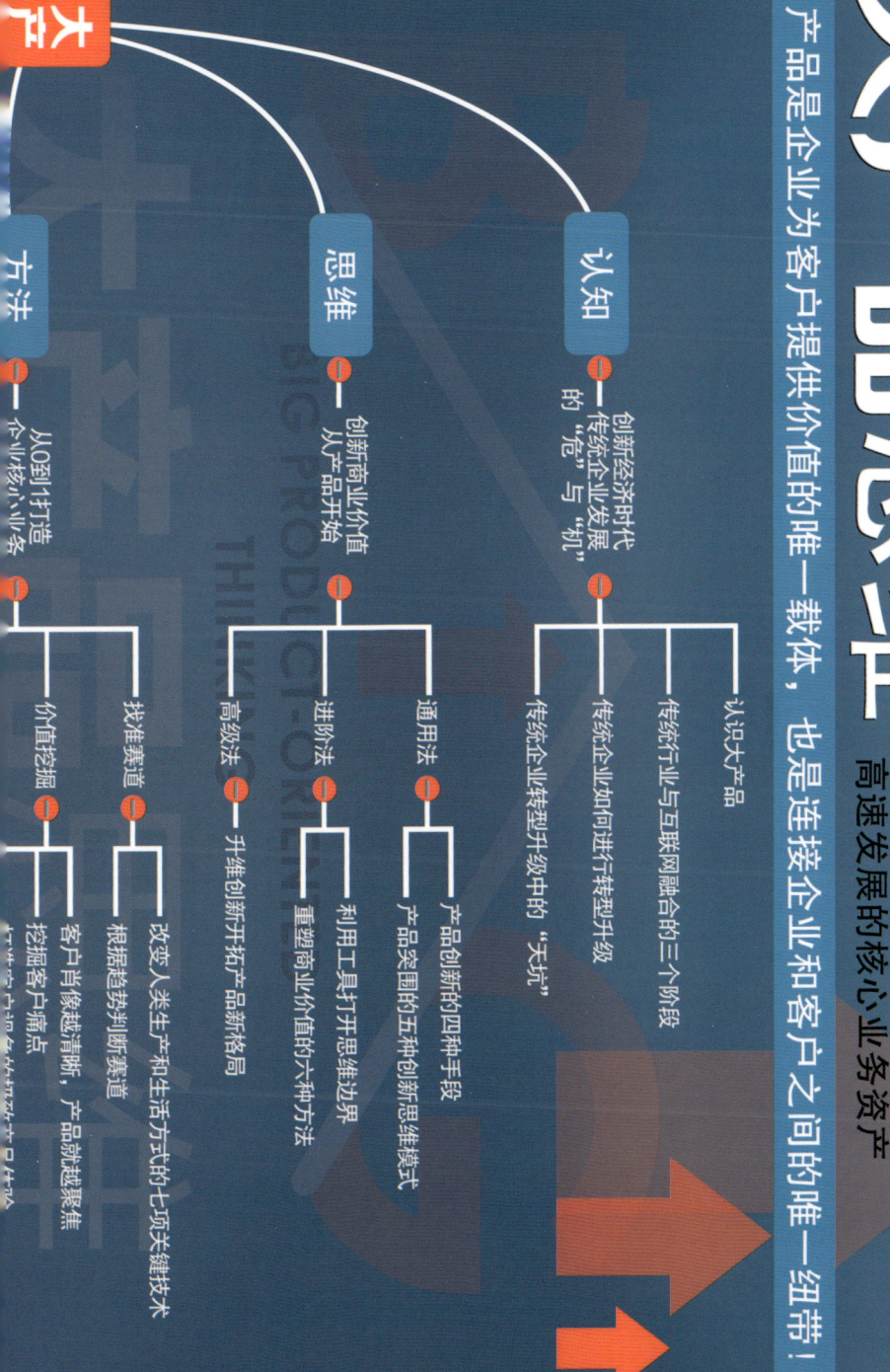

认知

- 创新经济时代传统企业发展的"危"与"机"
- 认识大产品
- 传统行业与互联网融合的三个阶段
- 传统企业如何进行转型升级
- 传统企业转型升级中的"天坑"

思维 BIG PRODUCT-ORIENTED THINKING

- 创新商业价值从产品开始
- 高级法 —— 升维创新开拓产品新格局
- 进阶法 —— 重塑商业价值的六种方法
- 通用法 —— 利用工具打开思维边界
- —— 产品突围的五种创新思维模式
- —— 产品创新的四种手段

方法

- 从0到1打造企业核心业务
- 价值挖掘
- 找准赛道
  - 改变人类生产和生活方式的七项关键技术
  - 根据趋势判断赛道
  - 客户画像越清晰,产品就越聚焦
  - 挖掘客户痛点

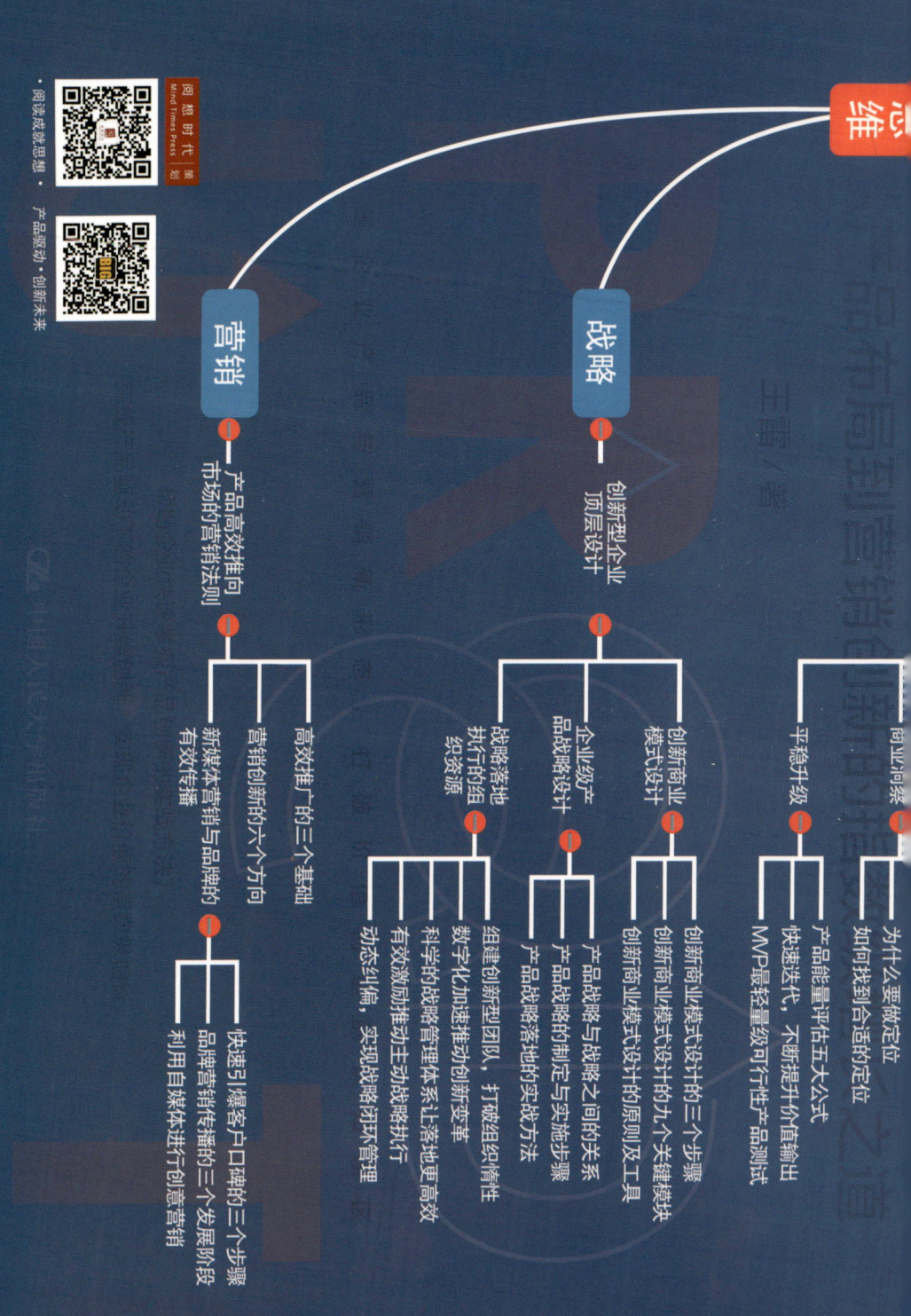

思维导图

战略

创新型企业顶层设计

- **商业洞察**
  - 为什么要做定位
  - 如何找到合适的定位之道
  - 平稳升级
  - 产品能量评估五大公式
  - 快速迭代，不断提升价值输出
  - MVP最轻量级可行性产品测试

- **创新商业模式设计**
  - 创新商业模式设计的三个步骤
  - 创新商业模式设计的九个关键模块
  - 创新商业模式设计的原则及工具

- **企业级产品战略设计**
  - 产品战略与战略之间的关系
  - 产品战略的制定与实施步骤
  - 产品战略落地的实战方法

- **战略落地执行的组织资源**
  - 组建创新型团队，打破组织惰性
  - 数字化加速推动创新变革
  - 科学的战略管理体系让落地更高效
  - 有效激励推动主动战略执行
  - 动态纠偏，实现战略闭环管理

营销

产品高效推向市场的营销法则

- 高效推广的三个基础
- 营销创新的六个方向
- 新媒体营销与品牌的有效传播

- **快速引爆客户口碑的三个步骤**
  - 品牌营销传播的三个发展阶段
  - 利用自媒体进行创意营销

第二部分 思维篇

创新商业价值从产品开始

二次创业最为成功的企业苹果公司的前 CEO 史蒂夫·乔布斯在 1997 年的一次演讲中专门提到了一句话:"当产品人不再是推动公司前进的人,而是由营销人员推动公司前进,这种情况是最危险的。"这句话是乔布斯重回苹果公司前的真实写照。当承担着企业中长期发展建设的产品板块不再受到企业重视的时候,企业就会陷入后期无休止的营销改革中。

著名管理大师彼得·德鲁克说过:"当今企业之间的竞争,不是产品与服务之间的竞争,而是商业模式之间的竞争。"而作为商业模式中最重要的一个组成部分——关键产品,则必须要得到足够的重视。但遗憾的是,大多数中小成长型企业对产品创新的重视程度明显不足,甚至对产品定义的理解还停留在 20 世纪。在这种情况下,如何与创新型的企业进行竞争?没有了核心竞争力,那么成长型企业的竞争性战略就无从谈起了。

创新经济时代的核心逻辑在于:**以客户为中心,以价值创造为核心**。作为企业为客户提供价值的唯一载体——产品,便成为企业创新商业价值的第一要素。

第4章

产品驱动下的企业升维创新

转型升级,从产品打造开始

企业的转型升级到底应该从哪里入手?根据多年的经验,我们认为转型升级应该从企业核心的竞争力开始打造,这个核心竞争力就是产品,原因有以下两点。

第一,产品是企业向客户提供价值主张的唯一载体,企业只能通过产品这个载体去实现对客户价值主张的承诺。在商业模式中最核心的部分就是企业能够为目标客户提供什么样的价值主张。当企业带给目标客户的价值越高,所得到的经济回报也就越多。既然产品是企业为客户提供价值主张的唯一载体,所以产品将成为我们在转型升级中最重要的元素。

例如,一家餐饮企业可以通过提供美味的菜肴、舒适的就餐环境,以及温馨的服务来满足消费者的美食诉求。相反,如果你拥有雄厚的资金实力,足够对外发布广告打造一个知名餐饮商标,招募优秀的厨师、租用最好的商铺,但由于你的管理不当,导致出现菜品不可口、环境不舒适、服务态度差中的任何一条,对不起,你的餐厅已经出局了。

第二,产品是连接企业和客户的重要纽带。在商业模式中有一个"客户关系"的模块,将会涉及如何对已经购买产品的客户进行追踪服务。维系和客户的关系是商业模式中很重要的一个组成部分。我们在后面会讲到,当互联网进入我们生活的时代，好的产品会自我推销，靠的是产品的口碑，并能建立起消费者对品牌的认知。但是很遗憾，大多数传统企业连自己的哪些客户对自己的产品和服务满意都不知道，那让这些优质客户为自己传播口碑也就无从谈起。

小米公司产品生态链中的绝大多数产品都有一个特征，就是提供远程的Wi-Fi连接，让设备上网，如图4-1所示。而通过这个远程控制的服务，就能让一个小小的插线板、电饭煲等产品有效地成为企业与客户之间的纽带，从而客观了解客户对于产品的使用满意度，进而优化自己的产品和服务，实现客户的复购和转介。

图4-1 小米生态链产品的远程控制

在数字化时代，我们希望业务实现可控，但当前大多数产业中的传统企业，不知道自己的产品销售给了哪些客户，这些客户的使用情况如何，哪些客户满意度较高。如果这些都不清楚，业务的规模化扩张就很难做到可控，也就无法按照滚雪球的逻辑越做越大，实现企业的指数级成长。

到底什么是本书中所涉及的产品？什么形式的产品可以实现上述两个重要结果？如何实现产品驱动下的升维创新助力企业发展？在后面的章节中，

我们将会进行详细阐述。

升维创新战略的理论基础

我们在谈到产品创新的时候就会讲到升维产品创新。升级和降级只会产生量变，而升维与降维则会产生质变。在这里，我们所讲的"维"有两层含义。

第一是指思维。在思维上，我们需要能够通过不断的理论和案例研究，做到能够去升维思考问题，然后实施降维打击。成功企业家看问题往往可以看得远、想得透。看得远是指能前瞻性地看到事物发展的趋势，并根据趋势对可预见的未来做出判断；想得透是指注重平时知识和经验的积累，在遇到问题时，使用自己的丰富经验和知识，挖掘事物发生背后的真正原因与规律。思维的改变可以使我们站在更高的角度去看待、分析和解决问题，因此，平时要注重对思维方法的训练以及知识的积累。

第二是指维度。换言之，就是我们到底应该通过什么样的视角去进行产品升级和降级。在产品创新中，我们强调三个方法：纵向升维创新、横向升维创新、解锁平台级产品创新机会。

纵向升维创新

纵向升维创新特指在原有行业品类的纵向方向上去寻找更加高级的业态学习，然后再实施对同级别业态竞争对手的降维打击。

寻找行业的高维参考物是纵向升维创新中很重要的一个方法。举个例子，在酒店行业里快捷连锁酒店的更高级别业态是什么？星级酒店，三星、四星、五星。作为一个快捷酒店，可以去学习四五星级酒店的一些业务逻辑以及高级客户体验操作细节，从而提升服务，创造更多客户价值。尤其是把体验足够出色、运营成本比较低、适于低级业态使用的方法，应用到自己的酒店里，通过降维打击与自己在同一业态的其他快捷酒店，从而获得客户口碑，进而带来商业成功。

例如，餐饮行业的知名火锅餐厅——海底捞，在转型升级中不断学习星级餐厅的服务方式，并对其中成本较低、容易形成口碑传播的服务部分进行大幅度拓展创新，从而实现对其他同维餐厅业态进行打击，形成良性口碑。

谈到纵向升维创新的方法，我们必须要认识到口碑是如何产生的。口碑的产生并不是简简单单因为你的服务好，就能够产生口碑，而是因为你的服务超出了客户对企业服务的预期，而这种心理上的反差就是产生口碑的主要因素，从而激发并带来消费者对产品口碑的广泛传播。

横向升维创新

横向升维创新特指从其他行业或领域寻找可被借鉴的方法，并应用到自己所在行业的产品创新方法，也就是我们经常提及的"跨界学习"。推荐读者在平时的交流和社群活动中，尽可能多关注一些别的行业是如何进行业务操作的。如果能借鉴到一些可以使用的方法或者操作细节，其带来的创新效果是非常可观的。在跨界学习过程中有两个重点需要注意。

首先，跨界学习到底应该学什么？前段时间很多报章杂志、自媒体都在强调跨界学习，但是对于跨界学习并没有给出具体的学习范围与方法。我认为跨界学习最重要的一点是，其学的不是经营方法，因为不管在哪个行业进行经营活动，商业的本质是一样的，只不过因为行业的属性不同，略有差异而已。因此，在跨界学习过程中，应该更多地学习业务操作层面的知识与经验。

其次，跨界学习要学习哪些行业？行业间隔越远，学习效果反而会越好。比如，教育行业和房地产行业之间的跨度很大，但如果发现了可借鉴点，则产生出的创新往往会形成更大的冲击力。如麦当劳采用了房地产和餐饮的业务模式结合，成就了今天全球最成功的快餐连锁组织之一。

解锁平台级产品创新机会

硬件的革新会解锁平台级的机遇，但大多数真正创造价值的公司都是依附于硬件平台之上的软件公司（见图 4-2）。同样的机会也出现在绝大多数实体经济领域。

图 4-2 硬件平台发展历程

资料来源：美国 NFX 投资公司

我们将产品按照类型分成四大类，分别为：系统层应用、平台层应用、核心层应用、功能层应用，如图 4-3 所示。其中价值最高的是平台层应用，这也是很多企业希望能够将产品打造成为平台的原因。

例如，二代智能手机的研发，造就了 iOS 和安卓两个平台层应用，而在这两个平台应用上，又出现了微信、微博、携程、美团等核心层应用，在更外围的不同垂直领域，媒体类的今日头条、影视娱乐类的爱奇艺、生活应用类的滴滴等都迅速发展起来。

功能层应用

核心层应用

平台层应用

系统层应用

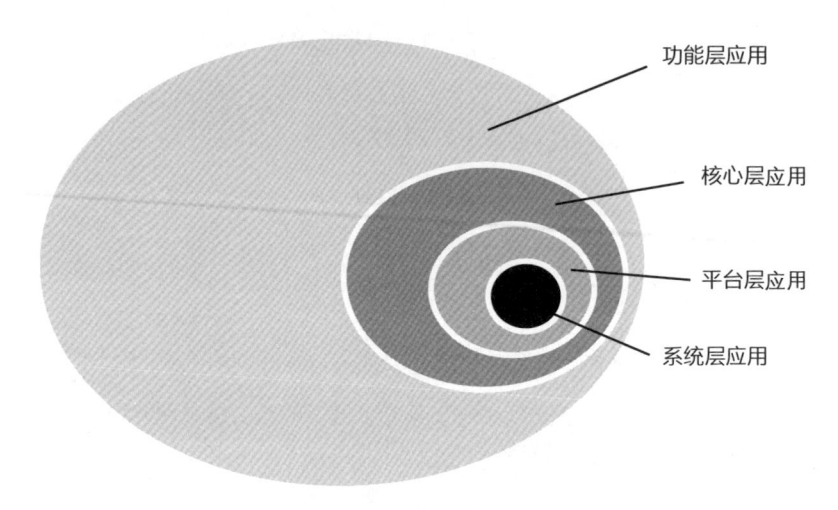

图 4-3　产品类型分类

当微信成功从核心层应用升级为平台层应用后，带来了一次大的机会，也就是在 iOS 和安卓系统上的原有应用都可以在微信里进行一次再造。于是，微信针对实体经济领域，又针对性地推出了小程序这个平台，用于向各个实体领域拓展。而在原有手机平台上没有获得成功的企业，则可以适时抓住这个难得的升级机遇，创造新的产品，挑战原有品类的霸主。

重新理解产品

如果经常关注百度指数和微信指数，你就会看到有两个词的搜索量非常高，一个是"产品"，另一个就是"创新"，如图 4-4 所示。前边我们讲了产品的升维创新战略，现在我们再来换个角度重新审视一下产品，到底什么是产品。

图 4-4　微信搜索热度图

产品的定义

到底什么是产品？在本书中，我们给出的产品定义是能够供给市场被人们使用和消费，并且能够满足人们某种需求的任何东西。产品包含了有形的物品、无形的服务、与之匹配的社群、理念、内容乃至它们的组合，如图4-5所示。

图 4-5　产品的五个组成形态

对制造型企业来说，企业家会认为产品是经由工厂生产制造出来的有形物品，而根据我们对于产品的精准定义，我们就可以在原有产品的基础上，对无形的服务、与之匹配的社群和理念、内容方面进行组合式创新，经过创新的产品就能够区别于其品类及其他产品，实现差异化竞争。

有形的物品、无形的服务作为一种产品形式出现，是我们每一个人比较容易认知的，但是对于社群、理念和内容也是产品，我们该如何理解呢？

对于理念，我们举一个网红白酒江小白的例子。到底江小白这个品牌卖的是什么？它最出名的是其理念——靠一句能够打动目标客户群体的话语，通过互联网不断地进行释放，从而吸引了目标客户群体的关注，引起了极大的共鸣。随后，这种理念通过酒这种物理载体实现了商业价值的转化，让客户去购买。正是由于"理念+酒"的有机组合，让江小白品牌拥有了很高的溢价价值，产品的定价不再参考普通白酒的定价方式，比如同样 100ml 的一瓶小酒，其售价甚至高于某些地区白酒的一倍以上。因此，我们说理念也可以是产品的一个重要组成部分。

这种产品的创新是否让你感觉有些熟悉呢？让我们回想一下日本的职场酒文化，是不是有点类似？同样的案例也可以在其他细分领域展开，如 2018 年开始打造自己品牌的"喝墨水"艺术小酒，也采用了类似的产品模式，再采用不同的商业模式进行企业发展。

社群，同样也是产品中一个重要的组成部分。在产品创新过程中，可以充分利用社群的方式，架构立体化的产品形态。

好的产品创新往往不是由产品经理策划，而是由这个产品的深度使用者来推动完成的一次又一次的创新。在产品领域，社群不是一个简单的聊天群，更不是用来推销的营销群，而是找到一群有共同价值观的狂热爱好人群，也就是我们常说的"发烧友"，并且与他们一起创造更高的产品价值，为更多的目标客户服务。社群不是简简单单的一个线上群或者论坛，而是线上和线下形式的有机组合，通过各种活动以及任务使社群发挥出正向价值创造的作用，创造出更细化、更具价值的产品亮点。

举例来说，1999年我们在新浪创业期间，做汽车频道的时候，那些汽车专业杂志的内容并不适合私家车主，而负责刚上线频道的员工只有两人，单靠两名员工去创造大量适合私家车主阅读的内容是很难实现的。但是汽车频道上线首年的广告收入促使汽车频道跃升为一级频道，我们是如何实现的？原因就是在汽车频道上线前一年，我们成立了基于新浪网的线下车友社群——新浪汽车俱乐部。经过一年的发展，新浪汽车俱乐部拥有车牌号、新浪会员名、电话号码和联络地址的车主共计36万，也正是这些大量的私家车主给我们创造了诸如路书、自驾游记、摄影作品等各种形态的阅读型图文内容。而这些由网友创造并不断创新的内容吸引了更多的私家车主阅读，从而带来了巨大的访问量，而这些访问量又吸引了汽车厂家来此投放广告。由此看来，新浪汽车频道作为一个产品，社群是不是其中的一个组成部分呢？

内容也是产品的一个重要组成部分，尤其是在后期的新媒体创新营销中会起到重要作用。在基础产品同质化严重的时候，往往一个故事就可以拉开与竞争对手的差异化竞争实力。比如前些年热卖的褚橙，褚时健充满励志的故事就是这个农产品的一个重要组成部分，甚至我们可以说，这个产品卖的是内容，而橙子反而是个商品化载体。

另外，我们在后面将要讲到的口碑传播中，大多数产品的口碑传播来自在客户使用产品后才会发生，而将产品内容化，则会出现内容在客户购买前就进行传播的机会，其传播效果和规模都比前者要大得多。

当我们将产品内容化之后，就可以继续进行内容的故事化，再选择最适合的传播展现形式，如文字、视频、音频或者图片，选择对应的自媒体平台进行传播。

因此，如果企业期待通过新媒体营销扩大业绩，那么可以立即着手将企业的核心产品内容化，包括不限于企业品牌、产品品牌、产品功能卖点、企业故事等进行文字化转译，并且做好相关的准备。

从产品到产品创新

在了解了产品的五个组成形态之后，我们在此基础上再来谈谈产品创新。当我们产品的组成形态发生了一次大的扩展之后，产品的创新也就有了额外的空间。

产品创新是建立在产品整体概念的基础上，以客户为中心进行价值创造的一个系统工程。它贯穿于产品的设计构思、市场营销及服务的全过程，不局限于简单的产品功能和形式创新，更多的是融合了服务和营销等多维度交织的组合创新，而支撑这些创新顺利实施的基础，是企业内部的一系列综合能力的改进。

为了能为目标客户提供客观上新的或者更好的体验，我们将产品创新分成了三个层面：基础产品层面创新、形式产品层面创新和附加产品层面创新（见图4-6）。

图4-6　产品创新分层结构

基础产品层面创新

所谓的基础产品层面是指客户购买某种产品时所追求的利益,是客户真正要买的东西,也被称为产品功能层面。客户购买某种产品,并不是为了占有或获得产品本身,而是为了获得能满足某种需要的效用或利益。基础产品包含了一个产品的功能性用途,企业可以通过技术与工艺的升级,由产品的功能性用途入手进行创新。

具体来讲,一家生产手机的企业,手机本身的功能就是基础产品。在基础产品层面创新方面,我们更多的是从功能的角度和对客户所使用的功能带来的更高层次的用户体验方面进行创新,从而拉开与竞争对手的差距,如图4-7所示。

图 4-7 基础产品层面创新示例

iPhone 是近些年来改变世界的一款产品。在手机以功能机为主的时代,iPhone 的发布使诺基亚、摩托罗拉、黑莓等传统手机厂商的风光不再。

在基础产品层面的创新上,iPhone 推出了在当时手机领域最大的 3.5 英寸显示屏,以及 Home 按键的单键操作。一体化机身及不可拆卸电池的设计在今天已成了手机的标准设计。此外，灵敏的多点触控电容屏的使用，让用户可以使用手指自由放大和缩小图片、网页，充满了互联网的灵性。

在随后推出的 3G 版本中，iPhone 除了支持更先进的 3G 网络外，还推出了应用商店（App Store）。与诺基亚的塞班系统应用商店不同，iPhone 的应用商店不但让 iPhone 有了极强的应用拓展性，也为大量软件开发商创造了商业机会，同时应用商店的超强易用性，将用户安装、使用手机软件的学习门槛降到了极低。在此后的 iPhone 4 中，精细的依托视网膜屏技术，让用户第一次在手机上体验到了如此精细的视觉表现。而 iPhone 4S 则推出了 Siri 这一智能语音助手，目前已经成为智能手机和类似智能设备的标准配置。

这些领先的以客户为中心的应用体验设计，成就了苹果公司向手机领域的成功进军，并一跃成为移动互联网时代的全球领军企业。

形式产品层面创新

形式产品层面创新特指在产品的外观、材质和包装上进行的创新。

当在基础产品层面上与竞争对手相比较，无法形成显著优势的时候，我们可以采用形式产品层面创新。形式产品层面创新是基础产品层面创新之外的一个看得见、摸得着的创新方法。形式产品层面创新可以直接表现出产品的质量、款式、包装和品牌等要素，为我们在基础产品之外，提供一个更广阔的创新空间。

例如，我们既可以通过改善产品的材质让产品更具品质感，也可以完善产品的外形尺寸规格、重量和体积，以扩大产品的适用性和便携性，当然还可以从款式、包装方面增加产品的视觉冲击，也就是我们经常说的视觉呈现创新。

以苹果公司的外包装设计为例，如图 4-8 所示。相比传统硬件产品的外包装设计,苹果公司产品的设计理念非常简约,无论是产品的包装纸盒还是手提袋的简约风格都让苹果公司的产品更加具备礼品的特征。礼品设计理念让它不需要经过礼品纸的包装,就可以像礼品一样送人。正是这种礼品包装的设计理念,让全球很多企业在开年会的时候会直接采购苹果的产品作为礼品赠送给自己的员工。

图 4-8　形式产品层面创新示例

附加产品层面创新

除了基础产品层面创新和形式产品层面创新以外,我们把其他围绕客户价值创造的产品创新叫作附加产品层面创新(见图 4-9)。客户在购买产品之后,为确保能够实际获得该产品的基本利益,会对企业产生一些相关的要求。企业为此提供的售后服务,如运送、安装、调试、使用指导和维修,以及相应的承诺、保证等构成了该产品的"附加产品"。从市场营销的意义来说，附加产品是任何产品均不可缺少的内容；从创新的角度而言，它又是一个大有可为且有待开发的重要创新思路。

图 4-9 附加产品层面创新示例（苹果商店）

顺着这个思路做延展思考，除了售后服务之外，售前的范围也可以前移进行一些服务。例如，海底捞正是因为它把服务延展到了餐前、餐中和餐后，从而形成了良好的服务口碑。这个就是我们所提到的附加产品层面创新。

再比如，10年前我们通过物流公司寄送包裹后，客户最大的痛点是不知道托运物品目前的配送情况。而在之后的一段时间里，各大物流公司纷纷对ERP系统进行了部分开放，从而让客户双方在寄送物品之后，能够根据订单号查询到物品在物流过程中的位置，大幅提升了客户的应用体验，如图4-10所示。这也是附加产品层面创新。

图 4-10　附加产品层面创新示例（物流公司）

> **思考与练习**
>
> 1. 学完本章后，请重新思考你企业的产品还是之前定义的那样吗？
> 2. 在你所处的行业中，平台解锁后的机会出现了吗？能否做一个分析？
> 3. 在你所处的行业中，高业态的产品是什么？有哪些可以被借鉴？能否做出一个备选清单？
> 4. 如果进行横向升维创新，你希望参考哪些行业？能否做出一个备选清单？

第 5 章

通用法：抓住转瞬即逝的产品创新机会

产品创新的四种手段

很多人认为创新很难，其实是因为混淆了创新和发明的概念。创新（Innovation）与发明（Invention）是两个不同的概念。发明是一件很难的事情，因为发明主要是创造出过去从未有过的事物。在很多创业公司里面，我们说的技术发明就是风险极高但结果会对我们的生产和生活方式产生巨大贡献的创造。但产品创新则不同，创新本身是有迹可循，有方法和工具可以使用的，如我们在第 4 章中介绍的三种产品升维创新方法。

在产品创新方面我们强调四种手段：

» 技术创新；
» 工艺创新；
» 服务创新；
» 体验创新。

这四种产品创新手段，再结合上一章对产品的五个组成形态的定义、产品创新的三个层面，就可以组成一个强大的产品创新矩阵，如图 5–1 所示。

这四种创新手段的力量逐层递增，层级越高的创新所带来的商业回报往往也会越高。技术创新、工艺创新和服务创新往往针对的是企业自身，而体验创新则不同，它是围绕客户价值创造进行规划的。试想一下，当你的产品是由更高层次的体验创新组成的，让客户觉得爽、过瘾，这种区别于传统物理商品定价之外的产品，定价权就自然掌握在企业手中，其所带来的经济回报也就会越多。

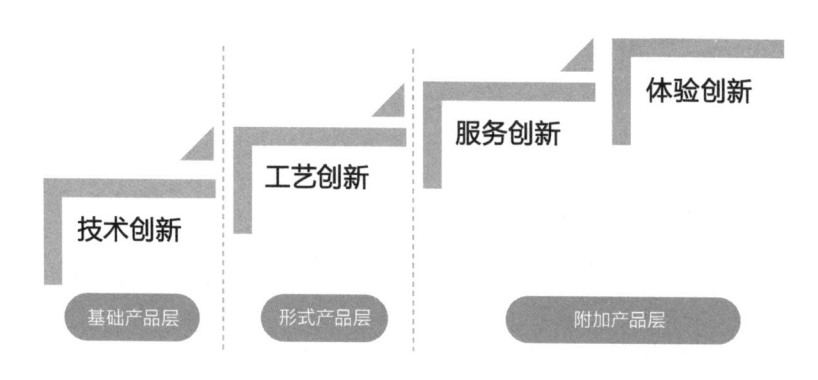

图 5-1 产品创新矩阵

我们经常谈到的产品创新，是以客户为中心，从客户的立场和视角出发，从解决客户的实际问题入手，从而得到客户对产品价值所做出的判断。

要想解决客户的实际问题，创新就必须从以客户为中心的应用价值链中不断进行单一需求的挖掘、聚焦，从不断迭代的过程中找到客户的真正痛点，并提供引起用户尖叫的产品，从而引爆客户的口碑传播。

20 世纪的大多数企业由于不具备获取客户行为数据等条件，它们往往以自身为中心，依靠技术驱动来进行产品创新。而现在我们所处的这个时代，则是以客户为中心，依靠应用驱动进行产品创新，如表 5-1 所示。

表 5-1　技术驱动创新与应用驱动创新的差异

类型	技术驱动创新	应用驱动创新
视角	以企业为中心	以客户为中心
价值创造	技术价值本身	多元化价值创造
商业化	溢价能力低	溢价能力高

技术驱动创新和应用驱动创新之间的差异是什么？

第一，最大的差异在于技术驱动创新更加强调的是企业本身拥有什么核心竞争力，而应用驱动创新则会把重点放在客户需要什么。同样的产品，由于驱动方式的不同，导致产品创新的视角不同，结果自然也不同。

很多企业做宣传的时候会强调我们有多少博士、硕士等高学历员工，企业有多大的规模，年销售额有多少，拥有多少项专利和核心技术，而恰恰忽略了客户到底购买的是什么。

从客户的视角出发，客户购买的产品也许和我们公司的宣传卖点完全不同。因为只有给客户创造更多的价值，我们才能获得足够的回报，因此站在客户的角度去重新审视自己的产品就变得特别重要。

在产品宣传中，我们应尽量避免强调产品使用了什么技术，而应该强调产品能让客户得到竞争对手无法给予的价值。这就是我们所说的以客户为中心进行应用驱动下的产品创新。

举一个例子。当第一个版本的苹果手机发布时，最能吸引消费者关注的几个功能，如用两个手指即可放大缩小图片、虚拟键盘……但是苹果公司从来没有说过它使用的是什么技术，只是告诉你"嗨，你可以用苹果做这个，还可以用苹果做那个……"其实苹果手机采用了原有智能手机从未使用过的多点触控的电容屏技术，而之前的很多手机厂商选择的是用触控笔才能识别出来的电阻屏技术，如表5–2所示。

乔布斯执掌下的苹果产品团队，是一个应用驱动进行产品创新的典范。一项技术只有得到客户的使用与认可，才会带来价值。

第二，从另外一个视角看，拥有发明专利和技术的企业未必是获得经济回报最高的企业。那么什么样的企业获得的经济回报最高呢？能够发现新技术，并且在应用驱动下，把新技术应用到了某一领域的企业往往实现了超高的商业价值。

表 5-2　　　　　　　电容屏与电阻屏技术参数的对比

技术参数	电容屏	电阻屏
屏幕响应速度	高灵敏	普通
触控方式	触摸	触压
触摸物	手指	必须有硬度的物体
定位准确性	高	普通
反应速度	快	快
清晰度	高	普通
透光率	高	普通
制造工艺	高	普通
屏幕成本	高	低

技术的研究与诞生往往出现在科研类领域里，之后必须要面对市场进行商业化应用，才能让它具备商业价值。我们来看两个问题：谁发明的电视？谁发明的手机？这不是一个脑筋急转弯的游戏，很遗憾，对于绝大多数都在使用这两个产品的客户，竟然无法立刻做出回答。但是把这两项技术应用到我们生产和生活中的企业，却获得了很高的经济回报，如电视机和手机生产商、电视台和电信运营商。

基于上述两个原因，企业没有自己的关键技术并非影响企业发展的最大阻力，而不懂得利用新的技术进行应用驱动创新才会令企业失去发展的机会。结合上面对于技术驱动和应用驱动的分析，我们来看下面的案例分析。

如果我们去寻找一下传统家电产品——冰箱的宣传广告，不外乎如下一些卖点：节能、静音、保鲜、自动除霜，等等，这是典型的技术驱动产品创新。那让我们切换成客户视角来重新审视一下冰箱这个产品：

> 客户购买冰箱的目的到底是什么？
> 客户购买的是冰箱吗？
> 那么客户购买的产品到底是什么？

要回答这些问题，我们先研究一下客户使用冰箱的场景和用户使用行为。炎热的夏季，下班回家后，男士打开冰箱喝一听冰镇啤酒，女士喝一瓶冰镇饮料，小朋友吃一根冰棍；加班后回到家，我们想打开冰箱取出速冻水饺，给自己煮一顿夜宵；早晨起来快速地取出牛奶和主食给家人做一顿早餐；当朋友来的时候，我们从冰箱中取出海鲜、生肉、新鲜的青菜来烹饪一桌美味的佳肴招待客人。是不是这才是我们购买冰箱的目的？如果没有冰箱就不能生存了吗？答案一定是否定的。按照我们前面对产品的定义，客户购买的是什么？其实客户购买的不是冰箱，而是"品质生活"，冰箱是其中的"核心产品"，那么其附加产品是什么？能否进行产品创新呢？

我们在此思路上重新审视"冰箱"这个产品，就会发现企业在广告里给客户提供的卖点恰恰不是客户最关心的。那么从客户的应用角度来讲，什么才是"痛点"？试想一下，如果大热天回家喝不到冰镇啤酒，下班晚了回家没有速冻水饺，早晨起来发现家里没有能给孩子喝的牛奶，嗯，这才是真正的痛点。

基于这些新的痛点做应用驱动，我们该如何进行产品的创新？这时候就要考虑使用一些先进的技术，比如互联网和传感器技术。我们给冰箱设计一个小程序，扫码安装到客户的手机上；同时给冰箱里的鸡蛋位加入了数量传感器；给饮料区进行功能划分并加入数量传感器；给冰箱里每一个保鲜和冷冻的抽屉加入重量传感器。这时候我们就能知道冰箱里还有多少个鸡蛋，多少瓶饮料，多少听啤酒，还有多少海鲜、青菜和鲜肉。那么按照客户消费的习惯，当常用食品不足的时候，冰箱就会给手机发送消息："嗨，主人，今天咱们家没鸡蛋了,小主人明天没有饭吃,现在下单吗?能享受 0.35 元的优惠。"我们可以想象一下,同样的食品价格,这个场景中的客户是立刻下单,还是会转到其他生鲜电商平台去购买呢?

在上述的产品创新案例中,我们成功地通过应用驱动下的产品创新,将冰箱这一红海竞争领域的产品,升级为全新的消费升级类产品。试想一下,在生鲜电商这个领域,当我们拥有了 1 万台、2 万台、5 万台、10 万台,甚至更多拥有某品牌智能冰箱的家庭客户时,我们的利润还会低吗?

产品突围的五种创新思维模式

现代商业社会,竞争永远不会停止,而当今产品的同质化、产能过剩、信息泛滥,使很多企业陷入红海竞争,进而更加迷茫被动。产品是承载企业价值的唯一载体,企业只有通过产品的创新,拉开与竞争对手的差距,变被动为主动,才能在根本上从竞争红海中突围成功,建立自己的优势高地。而创新并不是一蹴而就的,就像我们前面介绍的产品创新的四种手段,能够做的前提是必须开启产品创新的思维模式,后文中,我们将会通过几个具体的方法与案例做详细说明。

构建高低频产品组合

在企业经营中,如果企业有不止一个产品,则要根据实际情况和企业经营的目标需求,给每一个产品做属性定义。属性中有一个内容很值得我们关注,那就是产品的使用频率。针对同一个客户群体,采用高频产品和低频产品进行组合,完成企业的业务经营。在组合中,高频产品负责吸引足够的客户流量,低频产品负责去赚取丰厚的利润。

找到高频点,高频打低频,多维打高频。高频拉客户,低频赚利润。

注意,"高频打低频"适用于早期瓜分客户的市场情景,随着时间的推移,产品规划必须考虑低频需求的价值。

什么是高频产品和低频产品?

产品的高频和低频特指产品在某个用户使用场景下,一定时间周期内的使用频次。使用频次低的产品,很难在用户心目中形成印象,从而无法建立品牌在客户心智中的关联,进而导致客户在下次购买时,没有足够的品牌反向关联,使产品难以在同业竞争中脱颖而出。

为了解决这个问题,企业可以针对同一个客户群体建立产品组合,将高频低利润的产品和低频高利润的产品进行有机组合服务客户。尤其是在同样低频的产品竞争中,布局一个高频产品,利用频率差有效地将客户从竞争对手处吸引过来。

在2013年开始的微信和支付宝数字化支付大战中,为什么在支付宝已经持续了十几年的品牌经营之后,微信支付可以在短时间内脱颖而出呢?难道只是靠着一个红包大战的营销策划吗?答案是否定的,任何营销的策划一定是基于产品属性来完成的。微信的通讯及社交属性本身就具备超高频的特质,而在这种超高频的使用场景下,微信的增值产品就会让客户非常容易接受,因此微信支付获得了极大的成功(见图5-2)。

此方法并非局限在互联网相关产业中应用。比如汽车美容店,一家汽车美容店一般有美容装饰、维修保养、保险代理等业务,这些业务利润比较高,但是为什么很多中高端的汽车美容店仍然会布局汽车清洗业务呢?就是因为洗车产品的频率高。如果生活在北方地区,至少一到两周就需要对爱车做一次清洗,而在洗车过程中,汽车美容店很容易就会在与车主的交互过程中产生后期的保养、装饰、维修等业务。在这里我们可以设想一下,如果没有这个洗车产品的话,作为一名私家车主,你会主动去找一个汽车美容店去清洗空调、更换轮胎以及做一些美容装饰业务吗？绝大多数车主的答案一定是否定的。因此，从店面的经营上，也可以布局一些高频率的服务型产品引导消费者进店，再将客户引导到低频高利润的产品上，如图5-3所示。

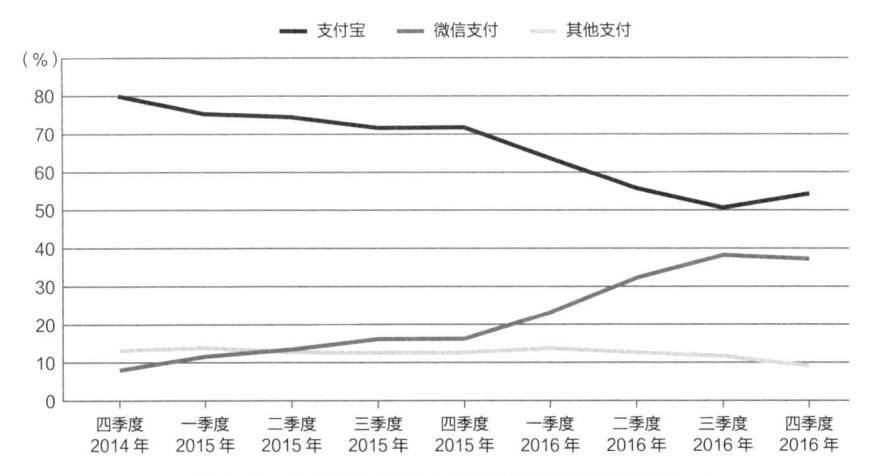

图 5-2 支付宝和微信支付的市场份额变化曲线

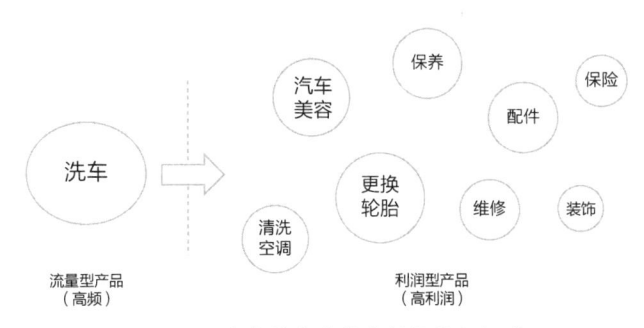

图 5-3 汽车美容店的高低频业务组成

我们可以用上面的方法来分析近几年出现的一些知名独角兽企业以及平台型企业的发展。以美团为例，美团在 2018 年酒店的预订量首次超过了携程系。所谓携程系，特指携程、去哪儿和艺龙的预订房间的总量。追溯其原因，在于美团通过外卖这个领域的切入，吸引了一大批年轻白领，而这种每天都至少使用一次的高频产品，使得美团轻松地切入"衣食住行"这个大的品类，如图 5–4 所示。

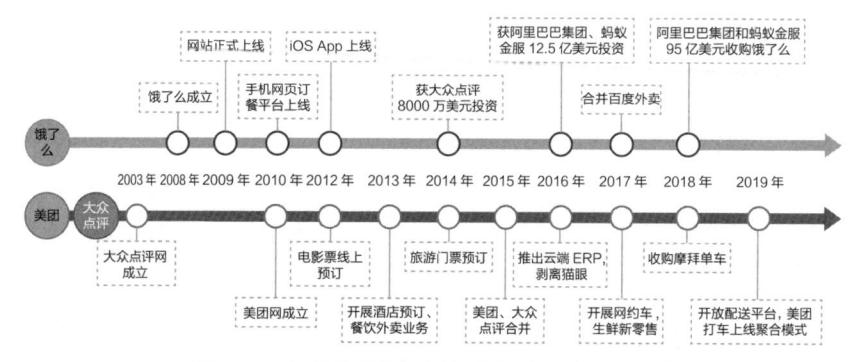

饿了么时间线：
- 2008年：饿了么成立
- 2009年：网站正式上线
- 2010年：手机网页订餐平台上线
- 2012年：iOS App 上线
- 2013年：获大众点评 8000 万美元投资
- 2014年：获阿里巴巴集团、蚂蚁金服 12.5 亿美元投资
- 2017年：合并百度外卖
- 2018年：阿里巴巴集团和蚂蚁金服 95 亿美元收购饿了么

美团时间线：
- 2003年：大众点评成立
- 2008年：大众点评网成立
- 2010年：美团网成立
- 2012年：电影票线上预订
- 2013年：开展酒店预订、餐饮外卖业务
- 2014年：旅游门票预订
- 2015年：美团、大众点评合并
- 2016年：推出云端 ERP 剥离猫眼
- 2017年：开展网约车 生鲜新零售
- 2018年：收购摩拜单车
- 2019年：开放配送平台，美团打车上线聚合模式

图 5–4　美团公司发展历程（并购 + 产品布局）

按照此思路，我们可以做一个大胆的猜测，在出行方面美团是否也可以同样超过其竞争对手呢？仔细观察在过去的两年中，美团收购摩拜改名美团单车，是因为针对美团的精准客户群体——年轻白领而言，外卖可能每天只有中午吃一顿，而共享单车的出行，则每天会使用两次以上。也就是说共享单车属于典型的高频产品，所以美团会在一线城市做大规模的产品布局。

用同样的方法还可以判断一些行业出现的大型并购案的原因。如果你是一位初创公司的创始人，在未来 IPO 或者被收购的创业之路上，是否可以使用这个方法在自己的产品布局上提前做些铺垫呢？

对于做企业端产品的公司，如果你的业务属于每年只有一两次的商业接触频率，就可以针对客户群体的特征，在自己产品的大品类范围内布局一款高频的产品，用来吸引客户并与客户保持黏性，从而间接地形成品牌对客户的吸引力。这种高低频产品的组合将使企业从红海竞争中脱颖而出，大幅降低营销成本。

前面我们谈到了高频打低频、多维打高频，是指可以利用维度的不同，拉开功能差异，从而利用维度差异的优势进行竞争。微信支付利用社交平台的高频优势，在短时间内获得了极大增长，而支付宝在后期则是利用其母公司（蚂蚁金服）的属性，定义支付宝为第三方数字化金融产品，而不是一个纯粹的快捷支付工具，从而更换了赛道。因为微信并非海外地区常用的社交工具，所以支付宝抓住此机会，利用自己独立支付产品的优势迅速开拓东南亚地区的数字支付市场。比如在印度、泰国、菲律宾、印度尼西亚和马来西亚，以及最近开始数字支付的柬埔寨进行大规模拓展，被誉为印度版支付宝的 Paytm 就是支付宝的孪生兄弟，其用户量已经达到 2.5 亿，商业想象空间巨大。

在这里，我要提醒一下，在进行高低频产品组合规划时，要注意任何产品的关联转化必须保持在一个维度上进行，有以下两个前提需要确认：

» 必须是同一客户群体的不同高低频产品组合；
» 必须是一个大品类里的不同产品组合。

关于品类的问题，我们会在后面的章节中进行介绍。

构建粉丝模式，引爆用户参与创新的力量

到底什么是粉丝？

粉丝，是英语"fans"的谐音。原来"粉丝"被称为追星族，如今"粉丝"已成为时尚名词，用于代表"支持者"。新浪微博、微信公众号、抖音等众多自媒体平台普遍使用了"粉丝"一词，这里的粉丝就是博主、自媒体号的支持者。

早期，在粉丝用于追星的领域，我们可以看到在新浪微博里各种加 V 认证的娱乐明星都有超高的粉丝量。在这种模式的驱动下，很多企业期待通过

自己的自媒体号，用内容来吸引属于自己的粉丝，再转化为线下的客户，甚至一度成了一种营销潮流。但是很遗憾，这是对粉丝模式的一种错误解读。企业自媒体号靠文章内容吸引来的粉丝，并非严格意义上的粉丝，我们只能将这类粉丝称之为读者，而读者是很难转化为我们线下产品的客户的。设想一下，如果这条转化路径成功，那么所有做专业出版物的报章杂志，早就成了相关领域最大的线下产品供应商了。读者是对你的内容感兴趣，而不是百分百对你线下的产品感兴趣。也正是因为运营目标定义错误的原因，很多企业在自媒体的运营方面以失败而告终。

在了解完粉丝的定义后，如何去构建一个真正的粉丝模式呢？粉丝模式到底是什么？驱动粉丝模式的机制是什么？为什么粉丝会替我们来做口碑传播？

构建企业粉丝模式就是吸引和保留足够多的产品支持者，并且架构一套基于这个群体的共赢机制。

驱动粉丝模式成功的是特权机制。我们经常谈到的饥饿营销，其本质就是特权。打造粉丝模式的方法就是要找到一批企业产品的忠实客户，并且设置一套特权机制，让拥有这些特权的客户能够和你一起为更多的目标客户创造更高的价值。由于特权机制的存在，所以会形成对产品口碑的传播。一般在产品的初期，可以将原点客户组成社群，由这些客户深度参与到产品的体验创新中去，中后期则可以设计产品机制，让更多的目标客户参与到产品的运营环节，以达到留住客户和口碑传播的目的。

中国国际航空公司提供的凤凰知音会员模式，是一种典型的粉丝模式。在飞行的航程数达到金牌会员级别后，客户就可以享受一系列特权，比如候机时享用机场的头等舱休息室，登机后空乘会给你送来一份报纸，向你表示欢迎，并为你解读金牌会员可享有的独特服务。

除上述服务外，另外一层无形服务更能增加客户的特权感。这种无形的服务是能让其他乘客感受到其成为金牌会员以后所得到的待遇和荣誉的，后期则可以利用这种粉丝模式快速进行口碑营销。比如每一个金牌会员进入休息室的时候可以携带一位亲友，而这种携带亲友的方式会让更多的非金牌会员感受到服务的价值，从而加入凤凰知音会员体系，尽量乘坐体系内的航班，达到倍增扩客的营销效果。

类似的这种粉丝模式除了在航空、制造行业以外，也可以在大多数服务领域及金融领域使用，而粉丝模式是口碑传播的一个非常有效的方法。如果你期待你的产品能够在短时间内快速占领市场，一个有特权机制的粉丝模式会成为你有力的助手。

打造高性价比产品

高性价比产品特指产品在同样高性能情况下的低价格，而不是单纯价格超低的产品。在这里，我们强调的是要利用我们客户倾向便宜又渴求高性能的消费心理去打造产品，形成薄利多销的局面。打造高性价比产品的方法比较适合应用在客群规模足够大的领域，这也是大产品的一个典型特征，依托高性价比的方法获得足够多的目标客户，再布局其他利润型产品进行企业利润的提升。

北京有一家叫"田老师红烧肉"的连锁快餐店。这家连锁快餐店凭借红烧肉盖饭这一单品迅速赢得目标消费者的青睐，发展到了200多家门店。在此单品基础上又扩展了一系列的产品，我们能看到"田老师红烧肉"的产品，采用的是统一的圆白菜配菜、一份米饭和一份番茄鸡蛋汤，主菜搭配红烧肉、红烧狮子头、鱼香肉丝等。在既保持了营养均衡的前置条件下，将产品成本价格做到很低。这种高性价比餐品的经营，让"田老师红烧肉"依托精准的客户定位，在北京及周边迅速发展。

北京的另一家餐饮业明星企业叫作金百万烤鸭。金百万烤鸭依托高性价比的烤鸭套餐成功地在竞争激烈的京城餐饮市场占据了一席之地，并打造成了知名品牌。

田老师红烧肉和金百万烤鸭都在消费者的心目中依托认知度很高的单品成功形成了消费者对企业品牌的认知，从而在带来足够客流量的情况下，带动了店内其他产品的销售。这两个单品就是这两家企业商业模式中的关键业务，通过关键业务获得足够的消费者流量，后期再转换成消费企业的利润型产品。

在打造高性价比产品的创新方法中，企业可以针对不同的客户群体特征采用多种方式进行价值主张的传播。如针对消费者客群的硬件制造型企业，可以通过专业评测文章及第三方产品对比测试的方式，突出自有产品在性能及用户体验方面与其他厂商产品的差距，而价格又明显低于竞争对手，从而给原点客户留下深刻的印象。此种方式广泛应用于手机、电脑等数码产品，也同样适用于汽车等领域。其他服务类企业，也可以通过让客户体验服务的方式，在体验过程中形成对产品高性价比卖点的更直观印象，并通过口碑传播打造的方式进行规划。关于口碑打造的具体方法，我们会在后面的章节中进行详细阐述。

形式产品创新，营造高格调的社会认同感

营造高格调的社会认同感是形式产品创新的一个重要方法。当我们在核心产品功能上无法与竞争对手拉开明显差距的时候，可以根据细分客户的特征，在形式产品上进行创新。

例如，我们常提到的情怀就是一种格调，其本质来自追求社会性的认同，但格调不能只是一种感觉，它需要一种物理化的载体才能落地形成商业

化的购买。

举个例子,从 2005 年开始,在音响器材领域出现了一个新锐耳机品牌 Beats。这个首创于美国的耳机近些年畅销全世界,而在 Beats 出现前业内有多家专业级耳机制造企业,为什么 Beats 能够在红海竞争中脱颖而出？Beats 的核心产品耳机本身,音质并不比老牌专业厂商的产品出色,但是 Beats 在形式产品方面进行了大胆的创新。如监听级耳机,就是我们常用的头戴式耳机,在我们的传统印象中,头戴式耳机都是黑色的,广泛地应用于广播电台、录音棚、电化教室、通信等领域,很少有这类厂商的产品能够被消费者日常使用,但 Beats 改变了这种现状。苹果公司将黑色的随身听耳机变成了白色,从而带来了一些时尚感,Beats 则更进一步地将白色升级为彩色,其中黑红色的搭配成了经典配色,从造型上看也更加符合这个时代对于时尚的定义。这种流行风格的设计让 Beats 耳机得到了追求时尚的原点用户的喜爱。

在营销方面,Beats 根据客群的定位,开展了多种品牌推广活动,邀请到各种娱乐明星、体育明星的代言,苹果店内与 iPhone、MacBook 的联合促销,等等,都无一例外地将自己与其他时尚大牌拉到了一个阵营,从而得到消费者对 Beats 时尚产品的品牌定位认可。我们在街头、办公室、运动场上看到越来越多的年轻人在使用 Beats 耳机,这就是我们所说的形式产品创新带来市场变化的一个重要方法。

在现有产品上做减法,把核心功能做到极致

产品的功能并非越多越好,优秀的产品一定为了解决客户的一个核心痛点而设置功能。如果需要增加功能,多出来的功能必须要有用,而且是好用的,新功能也要解决客户的某个痛点问题,或者能够帮助提升客户价值。盲目堆砌出来的功能,不但不会提升产品价值,反而会损害产品的品牌价值,导致产品进入盲目发展。

如果寻找不到客户的核心痛点，宁可不做对应的产品，否则产品就会失去核心价值。产品的核心功能一定是围绕着客户的一个核心痛点或刚需，并且以客户为中心，通过产品的功能解决客户的问题，或者提升客户的使用价值。

例如，新浪网的母公司四通利方信息技术有限公司是一家软件企业，公司主营的是Windows外挂中文平台。为了让系统更加好卖，除去系统本身的汉化功能外，四通利方公司还提供了在线翻译、多种字库、多种输入法等一系列的功能，实际上只有很少的客户在使用这些附加功能中的大多数功能。但是伴随每次Windows的升级，就会导致其中一些功能的兼容性问题，于是研发部门需要花费大量的时间和精力去解决这些问题。只要是有客户在用的功能，就不能在下一个版本中摘除，于是这种功能的堆积导致了超高的日常维护成本，对于硬件生产厂家更是如此。

我们在有限的研发力量投入时期，只有聚焦在客户的一个痛点上，去进行深度功能的开发，才能彻底有效地解决客户的痛点，引发客户口碑，这就是我们所说的单点突破。关于如何去寻找客户的刚需和痛点，我们在后面的章节中会进行详细阐述。

解决客户群体的一个痛点，往往会成为口碑传播的重要内容。我们可以回顾我们心智中关于一些优秀产品的印象。比如我们说去头屑就会联想到海飞丝，治疗感冒就会想到白加黑，怕上火就会喝王老吉。正是由于消费者的心智记忆特点，我们很难通过一大堆的卖点组合去形成消费者对一个品牌和产品的联结。

一说到感冒，我们会想到白加黑，那么如果我们想到了说一款产品既能帮你解决失眠问题，又能帮你解决新陈代谢问题，还能帮你解决血液黏稠度高和打呼噜问题，甚至还帮你减肥，那这样的药到底是什么药呢？答案很容易获得,那就是假药或者野药。

一定要记住,好的产品一定会有一个突出的核心功能是能够被消费者记住,并形成心智反向关联的,我们解决的用户问题越痛,后期的口碑传播就会越快,范围也会越大,那么我们的营销成本就会越来越低,利润越来越高。

> **思考与练习**
>
> 1. 技术驱动和应用驱动创新的本质区别有哪些?你所在企业的产品现状是靠什么驱动的?能否换个视角将其写下来?
> 2. 你的客户最终购买的产品到底是什么?
> 3. 两个常见的结构化创新工具是什么?尝试安装并使用导图工具对本书进行读书笔记的记录。
> 4. 本章讲述的六个产品创新方法都是什么?有哪个工具可以给你带来灵感?把这个想法写下来。
> 5. 粉丝模式的核心机制是什么?
> 6. 高性价比产品的特点是什么?
> 7. 形式产品创新的前置条件是什么?
> 8. 如果要对你所在企业的产品做减法,只保留一个功能,你会保留哪个?这个产品能带给客户什么价值?能否将精简后的产品重新进行描述,并写下来?

第 6 章

进阶法：基于产业链的产品创新

BIG PRODUCT-ORIENTED THINKING

学会利用工具打开你的思维边界

没有哪个领域是不能实现创新的。

前面已经讲到很多产品创新的方法，而在实际工作中，企业如何快速寻找需要创新的焦点，或者在找到焦点后如何生成大量可供选择的创意或解决方案，就变成了一个非常重要的创新实施环节。

在长期的企业产品研发工作中，经常会用到两个实用工具来帮助我们打开思维边界，由团队共同完成产品的创新，它们就是思维导图和头脑风暴法。

思维导图

由东尼·博赞（Tony Buzan）先生创建的思维导图，又称为心智导图，是表达发散性思维的有效图形化工具，其在实际工作应用中简单有效，是一种实用型结构化思维创新工具。

思维导图提供了一种将思维形象化的方法。放射性思考是人类的自然思考方式，每一种进入大脑的资料，不论是文字、数字、符号、具体的物体、声音等，都可以成为一个中心主题，并向外发散出多个子节点，而每一个子节点又可以成为另一个中心主题，再向外发散出多个子节点，总体呈现出放射性的立体结构。如同大脑中的神经网络一样,我们的各种想法通过思维导图的方式进行有效连接,从而编织成一个思维上的网。

思维导图的作用机制

思维导图能够发挥超强作用的机制主要有四个方面:思维可视化、记忆图像化、思维结构化和应用工具化。

思维可视化

思维导图的应用给我们不断优化自己的思维模式提供了途径。人在生理上的个体差异,引发了在思维模式上的千差万别。也许在工作中,你发现某个人非常擅长策划,好的创意层出不穷,该如何将他的这种能力赋能给其他的团队成员呢?通过思维导图的可视化效果,我们就可以非常清楚地了解擅长创意者的思维过程,从而达到借鉴其思维方式和逻辑步骤优化思维模式的目的,让更多的团队成员具备创意能力。

记忆图像化

人的大脑分为左右两个半球,分别称为左脑和右脑。左脑负责人类的理性、语言、文字、分析等,而右脑负责音乐、形象、经验、直观等认识。在记忆力方面,右脑对图像的记忆能力明显高于左脑对数字及公式的记忆。

思维导图通过多种颜色、线框等元素将知识内容用图像化的形式展现出来,极大增强了我们的学习能力和记忆能力。

思维结构化

思维结构化是指一个人在面对工作任务或者复杂问题时,能够从多个维度对问题进行深度剖析和思考,找到导致问题出现的真正原因,进而提出系统化的解决方案和行动计划,使复杂问题得以高效地解决。

思维导图通过其自带的扩展性原理,可以在实际工作中帮助我们从多个维度更好地理解问题和找到对应的解决方法。通过对问题和解决方法的梳理与归纳，最终确定问题的关键所在以及对应的综合解决方案，从而获得我们所期待的工作成果。

应用工具化

随着数字化时代的到来，不少软件公司根据思维导图的原理，推出了多种数字化思维导图工具软件，这些软件帮助我们更加方便地进行团队方式的协同工作。

思维导图在工作生活中的应用

思维导图可以广泛应用到我们的工作与生活中，例如，使用思维导图工具做会议记录，培训时用于同步记录笔记；对于复杂问题的辅助决策；创新小组的协同工作；制订复杂项目的工作计划。

做会议记录和课堂笔记

对于企业管理者而言，开会是一种常态工作，但做好会议记录却是工作人员的噩梦。如何理解领导的思路，如何快速记录会议内容和做好会议总结是个让人头疼的难题。

传统做会议记录的方法大多使用纸笔、录音笔或者电脑记录。纸笔记录慢，录音笔只能作为辅助工具，用于查漏补缺，电脑记录对于专业会议记录人员是不错的方法，再结合思维导图工具，在会议中记录要点，并且围绕中心主题将关键词记录下来，再将相关内容简要提取，按照逻辑关系进行内容的组织和连接。这样无须再做长篇流水账，避免重点不突出并且浪费时间。在会议期间使用思维导图做会议记录，还可以有效地帮助组织者进行主题讨论的纠偏，让参会人将焦点始终放在会议应该讨论的内容上。

在培训领域，也可以使用思维导图来做课堂笔记。学员可以自行将课堂上学到的知识点用思维导图把结构整理出来，并且通过连接线进行归类整理。一个清晰的知识结构,可以更好地帮助自己在理解后进行记忆,从而避免死记硬背。

创新小组的协同合作

在团队进行创新方面的协同工作时,思维导图是一个可以被使用的有效工具,尤其是对于分布式部署的团队,更可以采用基于思维导图的"头脑展开"过程替代传统的头脑风暴会议。

创新团队在进行协同工作时,每个成员的创新建议都应该得到重新整理,这样可以提升成员对团队的归属感以及加深成员之间的交流,更大程度地共同深度理解项目的本质,并产生更多、更优质的创意或解决方案。通常情况下,我们可以设置一个大型的团队思维导图,让成员们的想法进行融合。

首先,讨论并列出一级主题,确保主题关键词可以得到团队成员的认可。其次,预留出一定的时间,让团队成员在这个一级结构的思维导图下分别发表自己不同的方法和观点。最后,合并所有成员的思维导图到大型的团队思维导图中,集中体现团队的思想。

这种方式可以让每个人有时间去思考和规划自己的想法与方案,并且将其平等地进行分享。在整个过程中没有人充当裁判,所有的创意和方案按照事先约定好的主题分类收集起来,并且按照事先设计好的逻辑通过连接线关联起来。

复杂问题的辅助决策

对于一些需要进行决策的复杂问题,使用思维导图可以辅助其更加理性和有效地进行决策。在实际应用时,可以在决策过程中使用思维导图围绕中心问题,将问题进行解析,并围绕每个问题的解决方法选项进行分析和展现,针对待决策问题的关键要素、目标、限制与风险等,全面进行对比分析，最后得出综合结论，并以此作为参考，以便帮助我们做出最有利的最终决策。

制订项目计划

对于很多职场人来说，制订和组织实施计划比每天坚持并高效地完成一个具体任务要困难得多。除专业能力方面的问题以外，最主要的原因是计划做得不够详细，缺少对每个阶段任务的量化概念和对执行速度与工作量的事先评估与预规划。在没有科学规划的情况下仓促展开工作，会导致对全局的把控以及项目实施过程中的混乱。

利用思维导图工具制订计划的优势是能够帮助我们清晰梳理行动路径和细节，对关键节点进行阶段成果的指标量化和时间把控。与普通的计划制订方法相比，思维导图能建立多级任务，在多级任务之间建立联系，既能体现逻辑性，又不会出现混乱。在计划思路梳理清晰后，还能够将待办事宜转为"甘特图"用于项目的跟进与执行。

思维导图在创意方面的应用

人类的思维方式本质上是发散的，但在工作与生活中，我们通常会被各种格式化的规则所限制。就像一个横格本，书写的方式是线性的，导致我们的思路被固定在单线程的模式中。因此我们需要一些更有效的工具，开启我们与生俱来的、天马行空的思维模式。

我们可以将所有想到的创意全部用思维导图记录下来，不管好坏与对错。将所有的创意输入完毕后，再有针对性地进行整理和筛选。在进行整理和筛选的过程中，经常会联想扩展出更多新的创意或者更深层次的想法。最后，我们可以将这个过程中的内容进行合并重组，得到一个全新的组合方案。我们可以拿制作产品创新商业计划书举例，如图6–1所示。

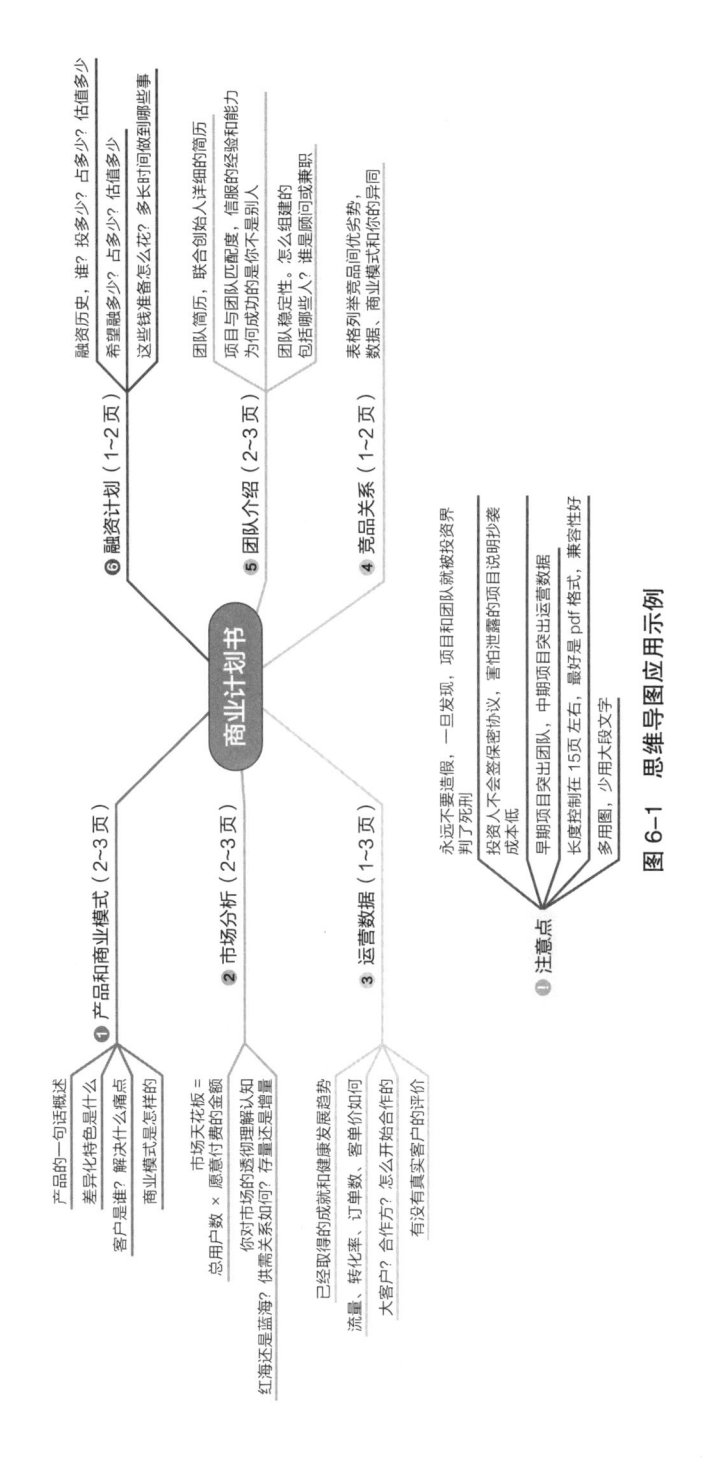

商业计划书

❶ 产品和商业模式（2~3页）
- 产品的一句话概述
- 差异化特色是什么
- 客户是谁？解决什么痛点
- 商业模式是怎样的

❷ 市场分析（2~3页）
- 市场天花板 = 总用户数 × 愿意付费的金额
- 你对市场的透彻理解认知 供需关系如何？存量还是增量
- 红海还是蓝海

❸ 运营数据（1~3页）
- 已经取得的成就和健康发展趋势
- 流量、转化率、订单数、客单价
- 大客户？合作方？怎么开展合作的
- 有没有真实客户的评价

❹ 竞品关系（1~2页）
- 表格列举竞品同优劣势、数据、商业模式和你的异同

❺ 团队介绍（2~3页）
- 团队简历、联合创始配度、项目与团队匹配度，信服的是你不是别人
- 为何成功的经验和能力
- 团队稳定性。怎么组建的
- 包括哪些人？谁是顾问或兼职

❻ 融资计划（1~2页）
- 融资历史，谁？投多少？占多少？估值多少
- 希望融多少？占多少？估值多少
- 这些钱准备怎么花？多长时间做到哪些事

❶ 注意点
- 永远不要造假，一旦发现，判了死刑
- 投资人不会签保密协议，害怕泄露的项目说明抄袭成本低
- 早期项目突出团队，中期项目突出运营数据
- 长度控制在15页左右，最好是pdf格式，兼容性好
- 多用图，少用大段文字

图6-1 思维导图应用示例

通过这种直观的图形化创新工具，我们能够更加清晰地对思维进行梳理，从而找到更多的创意，并且将每个想法进行有序的分解，或者将几个想法进行有机的连接整合，从而产生更有效的创新思路。

思维导图的绘制有很多种方式，甚至可以很简单地在纸张上直接绘制，我们也可以采用一些思维导图工具软件用来提升效率，例如 MindManager、Xmind 和 MindMaster 等都是很常见的思维导图工具，大多数都同时支持在电脑和手机上的使用。

头脑风暴法

头脑风暴法是由美国创造学家 A.F. 奥斯本（A.F.Osborn）于 1939 年首次提出、1953 年正式发表的一种激发性思维方法，也被称为智力激励法或自由思考法。

在企业的日常群体性决策中，由于成员受心理的相互作用影响，往往容易屈服于权威人士或者大多数人的意见，而形成"群体思维"。头脑风暴法旨在让参与人员在正常、融洽和不受任何限制的氛围中以会议形式进行充分的讨论，打破常规思路，积极深入思考，充分发表各自的观点。

头脑风暴这个词最早应用在精神病理学领域，通常特指精神病患者的精神错乱状态。如今将其原理应用为无限制的自由联想与讨论，其目的在于促进产生新观念和激发创新设想。在采用头脑风暴法的时候，我们应该尽量创造一个融洽轻松的会议气氛，在会议中一般不发表批评意见，激励成员自由提出尽可能多的创意和方案。

头脑风暴法能够高效率地激发创新思维的原理主要有以下三点，也是我们可以在实际会议主持过程中主动加以利用的控场方法。

» **连锁效应。**在讨论问题的过程中，每一个新的创意都能引发他人的思维扩展，从而产生更多的新创意。这种连锁反应所产生的创意集合，无论是从深度还是广度，都比单一的创意更能为解决问题提供可能性。

» **热情效应**。每个参与者积极、自由地互动与发言，以形成一个热情的氛围，帮助参与者突破自己固有思维的束缚，最大限度地提出更具建设性的创意。

» **竞争效应**。在竞争的环境中，人的心理活动效率可以得到大幅提升，所以在畅谈阶段，随着参与者争先恐后地发言，会不断出现各种更具备独到见解的高质量创意。

实践表明，头脑风暴法可以通过会议的形式有针对性地进行客观、连续的分析，有效地产生大量高质量创意或针对焦点问题的解决方案，因此，头脑风暴法在军事领域和企业决策中得到了广泛的应用。

头脑风暴会议的组织方法

头脑风暴会议的组织方法是否科学，决定了其会议目标达成的有效性。通常情况下，我们会按照以下五个步骤对会议进行规划与组织实施，如图6-2所示。

| 1 会前准备 | 2 热身阶段 | 3 介绍主题 | 4 畅谈阶段 | 5 总结阶段 |

图 6-2 组织头脑风暴会议的五个步骤

会前准备

会前准备是一个特别重要的阶段，需要对会议的主题、时间、地点、参与人员等进行合理规划，并且将会议所需的资料提前做好准备。

明确会议主题。 根据需求确定主题是举办头脑风暴会议的第一步。会议主题定义一定要清晰，因为头脑风暴就是一个思维发散的放大会议，主题涉及的范围反而不宜过大，如果需要讨论的内容较多，那么可以对大主题进行拆分，每次会议讨论一个可以被参会者清晰感知的明确主题。

确定主持人。 头脑风暴会议的主持人最好由对会议主题的背景比较了解，并且熟悉头脑风暴法的人员担任。主持人的常规任务包括在会议期间做一些议题重点的记录，以及会议结束后对参会人员进行二次访谈，最终对创意进行汇总和梳理，找出重复和互为补充的创意，并在此基础上形成全新的综合解决备选方案。

主持人一个很重要的职责就是在会议进行过程中，不断寻找合适的时机激发参与者的思维灵感，并且遵循会议的主题，对会议的讨论进程进行适当引导，以达成头脑风暴会议的目标。

确定参会人员。 会议的参会人数规模控制在 5~10 人为宜，会议时间一般以 45~60 分钟为佳，会议地点尽量选择在一个略微轻松点的环境中，当然远程参加会议也是一种创新的形式，而远程头脑风暴会议对组织者和主持人提出了更高的要求。

由于头脑风暴会议的特殊目的，所以对于参会人员的选择，在有条件的情况下可以遵循如下方法进行邀约：

» 创意主要贡献者——在会议主题专业领域的专业人员和年轻从业者，以及对主题有较深理解的学识渊博的其他领域专家；
» 方法论顾问型——有成熟的方法论体系研究经验的学者型专家；
» 创新推动者——具有较高逻辑、推理思维能力的专家。

为了确保会议的执行氛围，人员的选择还需要考虑两个条件：

- » 如果参与者隶属一家企业并相互认识，要从同一职级的人员中选取；
- » 如果参与者互不认识，可从不同职级的人员中选取。在会议进行中不宣布人员职级的高低。

提前发送会议通知。在做好头脑风暴会议的规划后，还需要将会议的主题、时间、地点、与会议主题有关的参考资料及会议的目标等提前发给参与者，让会议参与者能够在会议前有充足的时间对内容进行熟悉，以便提高会议执行中的效率。

热身阶段

热身阶段的目的是创造一个自由、宽松、祥和的讨论氛围，让参会者得以舒缓紧张的情绪，进入一种无拘无束、畅所欲言的与会状态。

主持人在宣布开会后，先说明会议的规则，然后谈点有趣的话题或近期的商业热点话题，让大家的思维处于轻松活跃的状态。如果所提问题与会议主题有一定联系，人们的焦点就会自然地转入会议主题。

介绍主题

在经过热身环节后，主持人可以简明扼要地介绍会议的主题。介绍时语言要简洁、明确，主题的细节无须过于详细，过于详细的内容会限制参与者的想象力，干扰参与者创新的思维发散。

在主持人介绍主题后的 5~10 分钟，主持人可以采取逐一询问的方式进行主题讨论的破冰。在激活了参与者主动进行自由交换意见的气氛后，基于参与者对问题已经有了较深程度的理解，为了让大家对问题的表述能够具有新视角、新思维，主持人可以通过对逐一阐述内容记录的整理和归纳，筛选出富有创意的见解，供下一步畅谈做好准备。

畅谈阶段

头脑风暴会议中，畅谈阶段是创意的主要产生期。在这个阶段需要注意以下三个会议控制技巧：

> » 与会者之间尽量不要私下交谈，以免分散群体注意力；
> » 不妨碍和评论他人的发言，每个参与者只谈自己的想法；
> » 发言要简洁，一次发言只谈一个观点。

总结阶段

经过长期的实践，我们发现头脑风暴会议的时间最好控制在一个小时以内，很多参与者的优秀创意会产生于会后，因此在会议结束后的两三天内，主持人应向与会者了解会后的新创意和新思路，并将内容补充到会议记录中。

在会议记录后面，重点是从头脑风暴会议中形成的创意列表中删除重复的创意和难以实现的设想，并对保留下来的创意项进行补充说明，以保证每个人都理解这些设想。最后，对参与头脑风暴会议的所有参与者表示感谢。

成功组织头脑风暴会议的注意要点

头脑风暴是一种典型的创新主题会议工具，可以通过无限制的自由联想和讨论，由此产生新的观念或激发创新构想。

由于头脑风暴会议使用了平等、无约束的规则，成员就可以自由地思考，从而产生很多新观点和创意。当成员有了新观点时，就鼓励他们说出来，所有的观点都应该被认真记录下来。头脑风暴会议结束后，再对记录下的这些观点和想法进行综合评估。

头脑风暴法的成功要点，除了在组织形式上的要求之外，更为关键的是探讨方式和心态上的转变。具体可归纳为以下几点：平等畅谈、禁止批评、追求成员观点数量。但是很多企业在使用头脑风暴会议形式时，经常会忽略头脑风暴的主要目的就是激发创意灵感的产生，往往是某成员提出了一个想法，更多的人使用的是专家思维的方式对他进行批评或者阻挠，而正是这种方式导致很多创新型的构想在萌芽期就被扼杀。

我们也可以通俗地使用"绿灯会"的称呼来解读头脑风暴。所谓"绿灯会"是指不管成员提出了一个多么异想天开的想法，主持人都应该带领成员对其点赞，这样的方式能够激发整个团队更多的灵感和创意主张。也许这些想法在当时看起来是异想天开，但会后经过收集汇总、加工、整理和评估，则可能会形成一些非常出色的创新主张和解决方案。

头脑风暴会议的目标是获得尽可能多的设想，追求数量是其首要任务。质量和数量的关系在创新领域非常密切，得到的创意数量越多，具有创造性的高质量创意也会越多。

渐进式产品创新重塑商业价值的六种方法

客户是一切商业活动的基础，从商业视角来看，重塑商业价值，就需要围绕如何创新产品为客户带来更多的价值开始。

E-Business 全程电子商务

电子商务是一个在全球商业高速发展过程中产生的概念。电子商务的狭义定义由 IBM 公司于 1996 年首次提出，特指整个贸易过程中各阶段贸易活动的电子化。在随后的 1997 年，IBM 公司又提出了 E-Business 这一广义电子商务的概念。E-Business 又被称为"企业全程电子商务"，与狭义的电子商务概念存在巨大的差异。

企业全程电子商务是指企业可以在进行商业活动的各个流程中都导入电子商务。以软件即服务（SaaS）作为核心应用，使供应链上下游的业务伙伴参与到企业的经营管理范围中来,以此实现对供应链上的供应商、经销商、企业及客户的全范围管理,并且与传统狭义的电子商务融合形成商业闭环。

这种新形态的电子商务生态系统,正是创新经济时代企业实施数字化改造的典型模式。原来缺少 IT 基础的中小企业可通过产品改造和管理升级,建立以实时数据为基础的企业数字化经营体系。同时借助互联网平台进行一站式的供应链管理,进而通过模式的升级,大幅度提升企业经营管理水平,提高客户价值,推动传统中小企业转型升级的成功。

利用这种与传统电子商务定义不同的理论支撑,绝大多数实体企业都可以使用全程电子商务的概念进行企业的数字化升级改造。例如,企业可以在借助信息技术完成企业内部业务流程改造的同时,开放部分节点,让客户参与到企业的内部业务流程中来。打破传统经营活动中由于信息不对称造成的客户体验差、暗箱操作等问题,从而大幅度提升客户体验。

房地产中介行业的知名企业"链家地产",在 2010—2013 年通过与 IBM 公司咨询团队的合作,完善了企业发展的中长期战略,并在此基础上进行了 IT 与知识管理规划、营销框架和业务流程梳理、人力资源系统、销售和交易管理系统的搭建等,推动了链家地产在营销与人才梯队建设方面的升级,如图 6-3 所示。链家地产的运营标准化程度、运营效率和人员组织能力都得到了有效的改善,进而推动了其全国化战略的进程,并为其从单一的房源驱动模式发展为复合型房客源双驱动模式奠定了基础。

2001 年	2002 年	2008 年	2010 年	2011 年	2014 年	2015 年	2018 年
正式成立,探索互联网模式	成立二手房交易中心	正式上线链家在线,建立真房源数据库	与 IBM 战略合作,进入 IT 化发展阶段	真房源行动及标准,互联网打通,链家 App 上线	链家网上线,O2O 平台模式落地	大规模并购与战略合作,加速房产服务平台建设	上线贝壳找房,赋能全行业
互联网探索	全业务赋能		全模式赋能		全体系赋能		全行业赋能

图 6-3　链家地产的业务发展进程

在一个企业的数字化转型中，产品的数字化和业务管理的数字化是两个最重要的部分，如果以客户为中心对两个部分的改造进行融合创新，则会产生重大意义。在链家的整体改造升级过程中，其完成了第一阶段业务管理数字化的时候，依托链家地产在本地二手房交易中的强大市场占有率，开放了其 ERP 系统中的部分功能，通过互联网将其直接服务于消费者，从而完成了其产品和服务过程的数字化。

在那个时期的房地产互联网领域，由于房地产中介行业的无序竞争导致虚假房源情况严重，极度影响了广大消费者的购房体验。而链家地产将其内部 ERP 系统的房源及相关房源录入、带看信息等通过链家网向公众开放，同时做出"链家网百分百真房源"的承诺。这个改造经过一段时间的营销推广后，得到了消费者的广泛认可，从而让链家网成为本地购买二手房的流量入口，成功地将链家地产的互联网营销成本大幅度降低。类似的以客户为中心的创新经济模式改造在链家地产的升级中出现了很多。在不断以客户为中心强调对客户的价值创造的同时，企业也获得了可持续的高速发展机会。

优化供应链，服务进行前移或者后延

当企业所处的行业产品同质化非常严重，核心产品无法在功能和性能上与竞争对手拉开差距的时候，可以通过对供应链的分析，将服务进行前移或者后延，打造出超强的客户体验，从而获得差异化竞争优势。

著名火锅品牌"海底捞"在消费者心智中最出色的并非其火锅本身的优势，而是它的服务。正是这种从入店开始等位时就进行的前移服务，以及离店时的温馨后延服务，造就了一个知名的火锅品牌。这种方式可以有效地通过强体验的服务产生巨大的反差形成口碑效应，从而建立起消费者心智中对于火锅品类的品牌关联。

在这里我们来研究一个我们自己的产品案例"少儿口语天天练",这个产品的客户是少儿英语培训机构。我们在针对这一客群的研究中,发现很多少儿英语培训机构的续班率很低,同时转介绍率呈现不规律的现象。而我们知道一家运营良好的教育机构,通常首年学员的续班率应该在 60% 以上,到底是什么导致了这一客户的痛点呢?

家长送小朋友去培训机构学习英语的目的是什么?这是少儿英语培训机构提供给其客户的产品要解决的问题。家长是期待通过在培训机构的学习,让小朋友去考托福或者雅思,还是提高应试分?都不是。我们发现大多数家长送 5~8 岁的孩子去学习英语的目的,是希望小朋友能够通过学习,养成对英语学习的爱好。但是很遗憾的是,大多数少儿英语培训机构并没有给家长满意的答卷。

这类少儿英语线下培训机构通常都非常传统,只能够利用每周一到两次的时间对小朋友进行面对面的英语教学,但是为了能够保持小朋友在课堂学习外不会出现遗忘,大多数英语培训机构会留作业。这时候问题出现了,小朋友对于课后作业会有抵触,因为这个年龄段的孩子天性爱玩,这些抵触心理导致孩子对学习英语产生了负面的情绪,而这些负面情绪又会导致家长的诉求无法达到,从而导致培训机构的续班率和转介绍率较低。那么如何有效地解决少儿英语培训机构的这一痛点呢?我们针对培训机构开发了一款"少儿口语天天练"的手机应用软件,用来配合少儿英语培训机构延展其高体验度、低成本运营的课后教学,如图 6-4 所示。

为了提升客户黏性,同时保证小朋友的学习效果,每周一至两次的培训频率过低,应该想办法使用比较低的成本提高课后的学习频率,但是必须针对小朋友这个用户角色提供高体验感的学习模式。我们通过"少儿口语天天练"这个产品,把课后的学习频次提高到每天练习。"少儿口语天天练"产品针对少儿英语培训机构的课程进行英语同步口语训练，每天在家里跟读一句课上英语，并根据实际跟读效果进行智能打分。每次的跟读都是一次打卡，打卡 1 次记 1 分，连续打卡 5 天记 10 分，连续打卡 15 天，记 30 分。

图 6-4 少儿口语天天练界面

这些分值可用于小朋友在英语培训机构进行相应的礼品兑换，从而促使小朋友每天晚上要抢家长的手机来完成英语的跟读。这种方式大大提升了客户（家长）和用户（小朋友）的体验，同时创造了良好的学习效果。家长能够感知到小朋友越来越愿意说英语，客观上小朋友在不断地练习中，也真的越来越敢说、爱说英语了。在应用这个程序一个周期之后，我们看到使用这个手机应用程序作为课后辅助教学的少儿英语培训机构的续班率大幅度提高。

如何提升转介绍率呢？我们在小朋友每打卡 15 次之后，会提供一段视频和 3~4 句的英语配音（大约 15 秒），由小朋友给动画视频中的主人公进行配音，最后合成一段可供分享的短视频，在视频最后出现的是少儿英语培训机构的品牌和联系方式。对于这种由自己孩子完成配音的视频，家长会主动通过朋友圈晒给更多的人看，客观上帮助培训机构完成了品牌传播的病毒式精准扩散。在测试了一个周期后，通过视频中机构提供的二维码和服务热线联系的潜在客户数量大幅度提升。

在上述案例中，我们通过对培训产品进行低成本的后延服务创新，并且在此基础上通过数字化改造技术完成了客户及用户体验的提升，还将营销点植入产品功能中，让用户进行自传播，从而提升续班率和转介绍率。此方法可以应用于很多企业的其他产品中。

产品和服务的标准化

在很多因客户需求不同而采用个性化服务的行业中，企业所提供的产品是非标准化的，如二手车交易、房屋装修等领域。在这种非标准化的行业中，由于业内的企业鱼龙混杂，产品的购买频率非常低，消费者无法从专业的角度对产品进行判断，从而经常被"算计"。这种情况造成了消费者对于行业整体认知的偏见，也导致行业内诚实守信的企业经营受损，而依托"过度承诺"营销技巧的企业反而盈利情况良好。对于这样的企业，则有机会通过将产品标准化的手段，大幅度提升客户体验，带来企业的业绩快速增长。

如果行业内的服务不能完全标准化，也可以采用半标准化的方式来解决关键节点的问题，从而提升客户的售前体验和服务体验。类似的方法在装修领域中很早就有了一些尝试，例如装修企业在新盘入住的小区设置样板间，采用让客户直接感受到结果的方式，获得了大量的客户。开发商在此基础上，直接采用整体精装修的标准化方式来加强营销体验，同时又对产业链进行了延展整合，增加了自己的利润型产品收益。

但是上述两种方式也存在一定的局限。当前时期的主流消费者开始更多强调居家的个性化,而这种统一装修的方式,无法让个性化展现出来。于是,针对客户的个性化装修需求,提供前置标准化的设计、施工、报价和验收流程就成为必然的趋势,例如互联网家装的部分企业在业内已经开始进行标准化家装服务。著名的爱空间标准化家装,对从毛坯到交房的全过程提供标准化菜单式服务,以承诺工期、造价的套餐方式让客户感知到企业的诚信,带给客户放心、省心和安心的服务体验。

产品的标准化改造方法不仅适用于前面讲到的服务型行业,对于制造型行业同样适用。在制造型企业中,除了以客户为中心驱动核心产品持续改进外,还可以针对客户进行以客户为中心的标准化全生命周期服务体系的创新,用以提升消费者的黏性和满意度。

无形的服务有形化,做到结果可衡量

无形的服务在某些场景下很难被客户感知,而无法被感知的服务就难以评估其价值。在生活中每件事情都道听途说的人不多,都深思熟虑的人也不多,大多数人只相信自己感知到的事情。从这个角度上看,这三类人的数量呈现符合正态分布,也就是钟形分布,两边的人少,中间的人最多,如图6-5所示。基于这个原理,我们需要对无形的服务进行有形化改造,并且做到结果可被衡量,让客户感知到无形产品的存在,从而认可服务的价值。

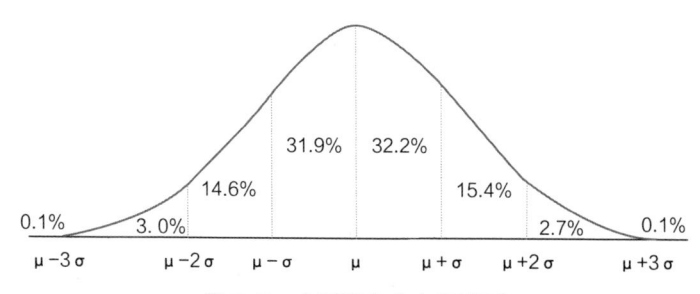

图6-5 人群正态分布示意图

在教育行业中，我们通常认为教育的质量有时候很难被数字化评估，尤其是素质教育。我们来看看率先在海外上市的一些中国教育企业，比如，新东方（NYSE：EDU）、好未来（NASDAQ：TAL）和达内科技（NASDAQ：TEDU）。这三家企业都有一个共同特征，就是将教育的结果进行了有形化改造，在完成了标准化教学的同时，做到了结果可被衡量。新东方依托出国英语培训完成了上市的准备，面授过的学生得了多少分数，有多少学生成功地通过英语测试出国留学等都是作为新东方教学质量可被衡量的部分。

好未来主营 K12 阶段的学生同步课程辅导，在小升初、中考和高考中，对于学生成绩的提升进行了数字化衡量，从而得到了市场和客户的认可，营业规模不断扩大。

达内科技作为 IT 职业教育的先锋上市公司，到底培养的毕业生就业率如何，被企业录用的平均起薪是多少，是不是也可以被数字化衡量？

这种将无形的服务进行有形化改造，并且做到结果可被数字化衡量的方法让客户能够感知到服务的价值，从而获得了良好的口碑和广阔的市场。

在其他服务型领域，也可以使用类似的方式对服务进行创新改造。比如在房产中介领域，在完成客户签约的后续交易管理过程中，最让客户焦虑的是申请银行贷款的过程。由于宏观环境的影响或者银行、申请贷款客户的个体差异等众多因素，导致银行的放贷周期可能很短，也可能会很长，购买方会产生极大的焦虑感。如何让客户打消焦虑感，能够感知到我们的后台服务就变成了衡量我们服务质量的一个很重要的指标（见图 6-6）。

我们可以通过交易管理系统的改造完成这一客户体验的提升。在业务流程的关键节点，当服务专员和银行进行跟踪接触的时候，系统会自动发送一个短信通知客户，让客户知道服务正在进行。这种短信通知的方式，可以极大地减少由于信息的不透明导致的客户焦虑，从而让客户的满意度得到大幅度提升。

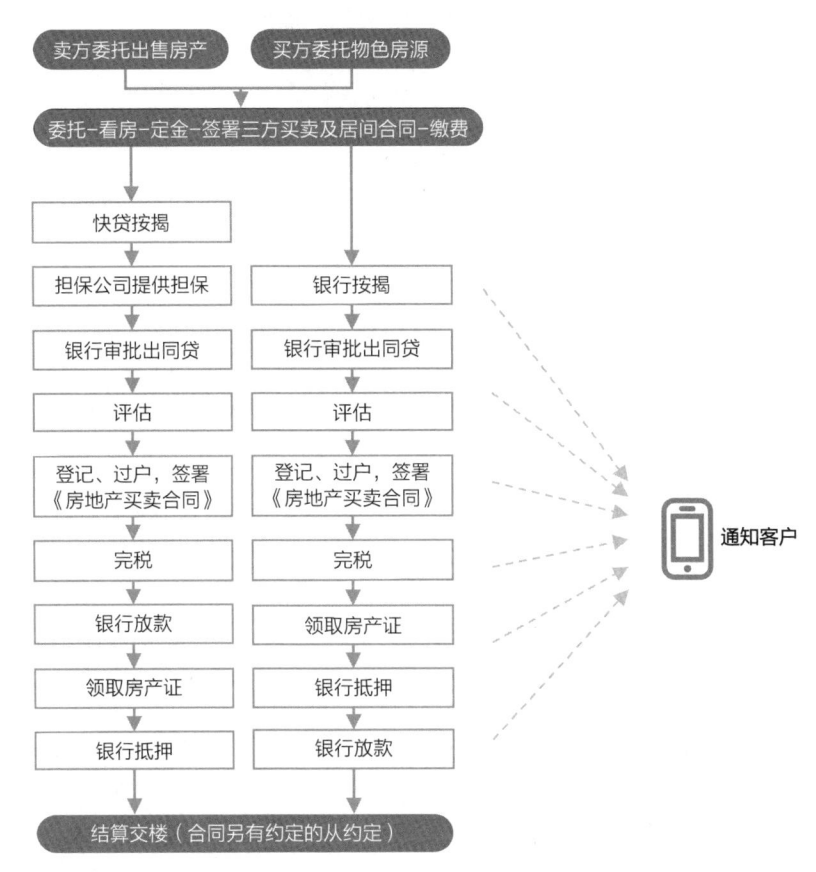

```
卖方委托出售房产        买方委托物色房源
         ↓                    ↓
    委托-看房-定金-签署三方买卖及居间合同-缴费
         ↓                    ↓
      快贷按揭              银行按揭
         ↓                    ↓
    担保公司提供担保       银行审批出同贷
         ↓                    ↓
    银行审批出同贷            评估
         ↓                    ↓
        评估           登记、过户，签署
         ↓            《房地产买卖合同》
    登记、过户，签署           ↓
    《房地产买卖合同》         完税
         ↓                    ↓
        完税              领取房产证
         ↓                    ↓
      银行放款              银行抵押
         ↓                    ↓
      领取房产证             银行放款
         ↓                    ↓
      银行抵押
         ↓                    ↓
        结算交楼（合同另有约定的从约定）
```

→ 通知客户

图 6-6　房产交易管理 ERP 系统流程图

同样的商品，不一样的体验、不一样的结果

影响产品复购率的因素有很多，其中客户体验是一个重要因素，如图 6-7 所示。如果希望产品能够从红海竞争中脱颖而出，获得客户的大量复购，就必须创造出可被感知的超强客户体验。

```
        客流量
       进店率
      成交率
     客单价
    连带率
   回头
   率
```

图 6-7　影响复购率的因素分析图

我们以在休闲食品品类中的"三只松鼠"品牌为例。自 2008 年成立开始，三只松鼠在坚果这个红海竞争的品类中脱颖而出，在 2019 年正式上市开启了大规模扩张的征程。很多人认为三只松鼠的成功源于其设计的三个可爱松鼠的形象，其实三只松鼠的成功，主要来自其在坚果类产品的附加产品创新上带来的消费者体验的大幅度提升。

你尝试过用牙齿磕开没有口的松子吗？你是否曾经遇到过想要吃坚果的时候，没有得力的工具？而三只松鼠成功地解决了这个问题。当我们遇到坚果无法顺利撬开的时候，你就会发现该品牌配送了配套工具专门解决这些问题。这些工具往往是我们平时不常用的工具，经常到了用的时候，反而找不到。在这个时候三只松鼠提供了这些工具，使我们得到非常贴心的体验，而这种体验感是其他坚果产品所不具备的，因此我们会刻意去识别一下这个品牌。在这个时候，一个设计优秀的"三只松鼠"的独特形象标识，让消费者很容易形成心智上的关联与记忆。

在使用附加产品层面创新的方法进行超强客户体验打造的时候，需要注意一个前置条件，那就是核心产品要达到优秀，与竞争对手具备同样的品质甚至是超越。三只松鼠在早期形成品牌阶段的核心产品的品质是非常优秀的，坚果果实饱满，果肉新鲜。从这个意义上讲，核心产品、形式产品和附加产品层面的创新是三位一体的整体解决方案，要从整体的角度对产品进行全方位创新打造。

> **思考与练习**
>
> 1. 本章讲述的六个产品创新方法都是什么？有哪些方法可以给你带来灵感？请把你的想法写下来。
> 2. 你所在企业数字化管理程度有多高？能否找到业务流程中最影响客户体验的关键节点是哪些？如何将这些关键节点开放给客户进行参与？
> 3. 我们使用什么方式进行客户描述？客户画像由哪几类标签组成？能否写下你所在企业大产品的精准客户画像？
> 4. 你所在行业的产品或服务的标准化程度高吗？如果答案是否定的，有哪些部分有机会进行标准化，从而大幅度提升客户体验？
> 5. 我们有哪些无形服务部分可以进行有形化优化？结果该如何进行衡量？
> 6. 影响产品复购率的因素有哪些？如何围绕"给客户创造价值"提供更多附件产品功能或服务？对应到你所在企业的产品中，你该如何改进？

第 7 章

高级法：产品升维创新驱动企业转型升级

升维创新开拓产品新格局

我们在进行产品创新时，可以在单品创新的基础上提高一个维度去审视产品，也就是我们前面章节所讲到的企业升维创新，你会发现打开了产品创新思维的另一扇门。

构建产品矩阵，组合流量型产品和利润型产品

企业在进行产品战略规划时，应该从企业的整体战略视角出发，重新审视当前的产品线，并赋予每一个产品不同的战略定位。有些产品负责获取与保留客户，有些产品则负责利润贡献，不能一味要求所有的产品都用来贡献利润。企业在实际经营中可以通过构建产品矩阵的方式，对流量型产品和利润型产品进行有效组合，来支撑企业的整体战略。

在后面将要讲到的基于产品创新的商业模式设计中，我们可以看到近20年大多数独角兽企业都在采用类似的商业模式。在这种创新型的商业模式中，代表企业品牌的关键业务往往就是企业的流量型产品，以此获得大量的目标客户，而在收入来源分类的利润组成中，我们可以看到针对同一个客群的多个利润型产品。

类似的产品矩阵方法在早期的很多实体经济企业中一直在应用。比如家

居领域的著名企业宜家家居，就在众多的产品中，通过高性价比的流量型产品和利润型产品的产品矩阵组合，获得企业的综合收益。同样在教育行业中，企业也往往会采用一些低客单价的招生产品获得目标客户，再转化为长期客户。

构建产品矩阵的方法也可以在很多行业进行应用创新。例如企业可以在向客户销售高利润型产品之前，前置一些周期短、效果好，或者性价比高的口碑产品来吸引客户。而这些前置的流量型口碑产品会使客户形成对于企业产品品牌的信任，从而进一步影响客户购买该品牌下的其他利润型产品。

在前面章节中，我们所谈到的高频和低频的组合也是产品矩阵的一种应用方式。除此之外，我们可以在构架产品矩阵的时候拓展思路，凡是能够吸引更多客流量的口碑型产品，也都可以作为流量型产品进行规划。

反向导流，从线下回到线上

2015年左右被热炒的互联网O2O概念，英文全称为Online to Offline，特指线上到线下。这个理念的提出，在很大程度上是因为互联网企业的大量流量不具备商业化变现的能力，从而导致运营成本持续增高，因此需要将线上流量通过一些实体经济的企业进行商业化变现。这个概念的提出受到了众多互联网领域专业人士的热捧。

受到互联网O2O概念的影响，众多线下实体经济企业尝试构建了线上导流池，并投入资金，希望通过线上流量的获取，将线上受众转化为线下的客户。但是绝大多数企业在这场风风火火的运动中并没有获得期待中的收益。

如果我们认真地回顾一下就会发现，"流量"这个词并非是在当今社会才提出的，其一直是企业商业化运作的基础，而互联网带来了一个短期见效的大规模流量的改变机会，因此变成了流行词。

实体经济企业本身就是有流量的，如何利用原有流量通过互联网的手段进行更大的商业化变现呢？这里我们使用"反向O2O"的创新方法，即通过互联网手段，将线下的客户引导到线上进行深度服务，在大幅度提升客户体验的同时，为后期增值产品的营销做好铺垫。

对于线下单元商业体流量较小的行业，可以使用分享经济中联盟流量的方式进行流量整合，针对同样群体的小差异化品类也可以进行异业合作组建联盟流量。例如餐饮领域中的中小型餐厅，可以通过类似于点餐系统这样的数字化工具，实现线下流量的整合，并且在线上完成商业化变现。

在使用反向O2O方法进行产品创新时，服务型及零售型企业可以采用如下步骤进行导流营销。首先，线上具有比线下更加便利的低成本服务基础，因此可以利用数字化手段和互联网渠道对现有的客户进行附加产品创新，增加延展服务；其次，在做好延展服务的基础上，通过线上接触点进行向线下的二次导流；最后，对通过线上召回的复购客户进行线下服务。具体如图7–1所示。

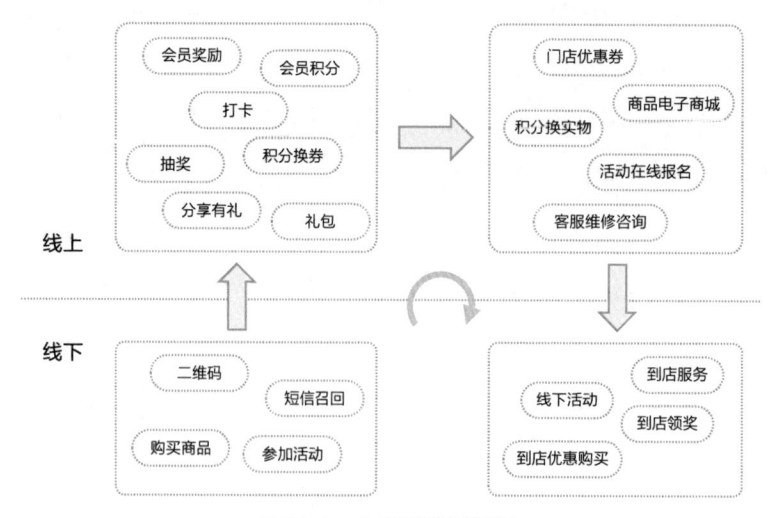

图7–1　会员系统逻辑图

目前很多企业都采用了会员系统，但是存在一个关键缺陷。大多数的会员系统是在客户到店后才能够发挥作用，例如积分换礼、积分兑换现金折扣、会员商品等。但是通过前面介绍的方法，企业就可以通过线上的服务，实现将客户召回到店消费的导流效果。这也就是我们之前所谈到的产品是连接企业和客户的纽带这一原理的具体应用。

产业跨界创新

在某个领域工作和生活时间长了，就会不自觉地遇到思维创新上的瓶颈，失去了想象力和创新力，这是人类的天性，很难改变。跨界创新并非通过简简单单的头脑风暴或者一时的心血来潮就能实现，而是需要在创新思考方法上强调系统性。

在跨界创新中，我们更加强调系统思维。在这里，我们提出了"一个基础，两个重点"的实战方法。

"一个基础"特指创新者必须非常熟悉待创新领域的产业链结构及业务逻辑。如果完全抛弃产业路径，创新的结果可能会适得其反。

"两个重点"特指：（1）跨越的产业领域差异越大，创新效果越好；（2）跨界学习的重点是关注业务操作层面，而非商业经营层面的经验。

在跨界创新中，有一家标杆型企业——麦当劳。1955年创立于美国的麦当劳公司，是一家拥有遍布全球119个国家约32 000间分店的大型跨国连锁餐饮企业。我们可以从麦当劳公司的发展过程中看到，在麦当劳公司的业务模型中深度融合了快餐业特许经营模式和房地产经纪业务模式，如图7–2所示。

麦当劳的商业模式：特许经营

```
                    McDonald's
    特许经营费、加盟费、           特许经营费、加盟费、
    租金、专业人员培训费           租金、专业人员培训费
         ↗        ↕        ↖
         宣传和培训              宣传和培训

   特许经营店      ……  特许经营店  ……     特许经营店

全球85%的麦当劳网点      麦当劳收的特许经营费是   在有些国家和地区，麦   截至2010年，加盟费+初
是以这种方式经营的，只   按照每年销售额的一个百   当劳并不按照特许经营或自   步阶段培费是995 900~
有15%是公司自己经营     分比计算出来的（1.5%）   己经营的模式，如中国   1 842 000美元
```

图 7-2　麦当劳的商业模式

麦当劳依托标准化程度极高的快餐产品进行规模化扩张，再使用多种利润型跨界产品对收入实现多元化，例如，房地产商铺租赁的运营收入、特许经营的服务费收入及直营店的营业收入等构成了麦当劳公司的立体化盈利模式。这种新的模式促使麦当劳迅速将业务拓展至全球，成长为当今快餐业的霸主。

在当前的数字化时代，由于互联网、传感器、云计算等高新科技的不断发展突破，在很多领域出现了跨界创新，而跨界创新的结果又带来了更多相关行业的跨界打劫，从而造成了一次又一次大面积"洗牌"。

在 2007 年开始流行的新一代智能手机，不断整合目标客户原来经常使用的各种设备，横向打劫了多个行业，比如摄影器材领域、GPS 领域、电脑制造领域、银行领域等。

跨地区创新，寻找新蓝海

当在基础产品层面、形式产品层面和附加产品层面上都很难通过创新拉开和竞争对手的差距，且本地市场呈现持续红海竞争的时候，企业可以尝试从客群的划分中找到新的地域蓝海市场。当找到一个潜在的蓝海市场，就可以重新研究客户的差异化需求，优化基础产品层面的功能，调整形式产品层面的设计，并启动相应的附加产品层面的创新，以适应本地化需求。在产品准备充分后，尽量快速地在新的区域内形成市场垄断格局。

2015年，《非洲商业》(*African Business*)杂志发布的年度"非洲消费者最喜爱品牌100强"显示，Tecno位列第16位，一同上榜的还有iTel，排名51位，而这两个被误认为德国制造的手机品牌均来自同一家中国企业——传音公司。

2012年，非洲市场开始出现智能手机。传音公司针对非洲消费者进行了多方位产品创新，在基础产品层面上针对非洲消费者的肤色特点对拍照进行曝光补偿等系列优化，同时将脸部识别功能改进为通过眼睛、牙齿进行定位。在附加产品层面，传音公司还提供了社交软件Palm Chat，目前注册用户数已超过1亿。

针对不同的客户群体特征，传音公司不断细分产品品类，推出了高端品牌Infinix、中高端品牌Tecno以及低端品牌iTel。传音公司的产品凭借超高的性价比和出色的本地化优势，占据非洲市场超过40%的市场份额。

传音公司的市场布局，让其后续的商业愿景拥有了巨大的想象空间。大多数非洲的电信运营商还在3G时代，设想一下曾经出现在中国4G升级的过程中的商业机会，以及未来的5G升级，是否会在非洲市场再现呢？传音公司面对未来的市场会做出什么样的商业创新呢？

同样在国内市场，基于地区差异下的客户特征和需求差异，拼多多抓住了原有电商平台对覆盖中国人口50%以上的乡镇和农村市场的客户体验不足的机会，从商品的品类、类型以及物流配送、销售模式上进行了差异化创新。2018年，拼多多通过三年的时间成功实现了在纳斯达克上市，获得了事业腾飞的机会。谈到拼多多这个案例，我们必须要提到前面在产品设计中的一个理念——"以客户为中心"。试想一下，对于一个生活在基层农村的消费者，如果家里还在使用传统的 CRT 电视，在拼多多上能花一千多元购买一台 40 英寸的液晶电视，他会那么在意电视的品牌知名度吗？这是消费降级还是消费升级呢？如果以客户为中心进行视角切换，答案毋庸置疑是消费升级。

对客群进行精准定义，并且根据地域化差异策略对产品进行调整和优化，实现一次跨地区的产品创新，就会赢得机会。但是在跨地区创新中要强调的一点是，在进行新市场拓展的时候，企业要以市场占有率为评估重点，尽量在竞争对手进入这个地域市场之前，快速完成竞争壁垒的搭建。

颠覆式创新和融合式创新

颠覆式创新

颠覆式创新是通过应用破坏性技术或者重新定义客户的价值曲线，为客户带来新的或者更多的价值，从而引发行业生态系统的巨变，带来产业利益链的再分配。

例如，奇虎 360 的颠覆式创新成功改变了杀毒软件行业，其将杀毒产品从收费变成了免费，引发了整个产业链的变化。今天为止，我们在享受 360 颠覆式创新成果的同时，是否发现病毒也没有原来那么多了？这种创新本身的前置条件要求我们必须在将一个收费服务变成免费服务的同时，确定我们有能力承担这个改变带来的后期研发成本。因此要求颠覆者必须深刻理解产业链，才有可能进行成功创新。

颠覆式创新的创意必须是全新的产品、服务或商业模式，并且以客户为中心进行充分互动。但这些创意能否被接受，取决于能否为商业模式中的利益相关方，即客户、合作伙伴、政府、社会等带来更高的价值。

这个执行过程必须通过生态系统的重建以及企业内部组织、制度的重组，才得以保障执行，如图 7-3 所示。颠覆式创新是一次完整的企业升级，其中包括相关者的思维、相关模式以及制度体系等。在面对竞争对手的挑战时，我们必须依靠不断的创新升级才能维持我们的领先地位。

图 7-3　颠覆式创新逻辑示意图

在颠覆式创新中，前置的关键条件往往会被创新者忽视。创新者必须能够承担颠覆所带来的前期成本，以及颠覆后的长期成本支撑。如果我们的颠覆式创新所带来的成本增加，不能够通过有效的新商业收入来保障，那么这种伪颠覆式创新就不具备可持续的价值创造，注定会失败。

融合式创新

融合式创新是将各种要素通过创造性的融合，使各要素之间互补匹配，从而使创新系统的整体功能发生质的飞跃，形成独特的、不可复制的、不可超越的创新能力和核心竞争力，如图 7-4 所示。

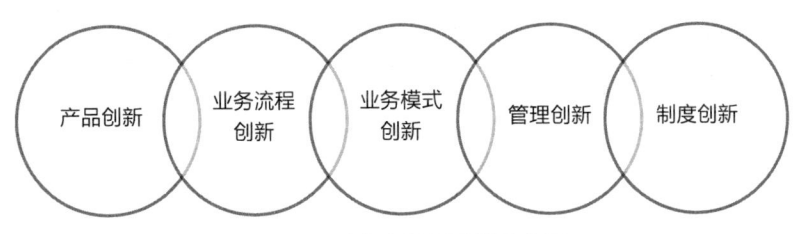

图 7-4　融合式创新逻辑示意图

从产品创新的角度来看，不断涌现的新技术促使企业能够迅速开发出有形物品与无形服务一体化的创新型产品，从而拉大与竞争对手之间的差距，并且有效提升客户的忠诚度。新技术的融合、产品种类的丰富以及产品生命周期的缩短，又促使企业的创新力成为企业争夺市场领导权至关重要的驱动力。

在以客户为中心持续进行产品创新的基础上，企业还需要在内部层面不断进行业务模式创新和业务流程效率优化，使整个运营体系达到最优的状态。同时，在学习与成长层面上不断更新管理方法和制度，以此适应政策与社会环境的变化。

融合式创新的本质是要通过一系列企业内外部的变化与升级，提高企业整体的核心竞争力，提高竞争门槛，让竞争对手看得见，学不会。

> **思考与练习**
>
> 1. 本章讲述的六个产品创新方法都是什么？有哪个方法可以给你带来灵感？把这个想法写下来。
> 2. 如果你所在的企业有多个产品，这些产品的客户群体是否唯一？能否建立一个产品矩阵？请将产品矩阵写出来。
> 3. 如果你所在企业的产品线下流量大，能否通过创新驱动的方式，将其导流到线上进行服务？
> 4. 颠覆式创新的核心前置条件是什么？你对企业所在的产业链熟悉吗？能否将其描述出来？
> 5. 融合式创新包含哪些部分？如何围绕为客户创造更高的价值进行组合式优化？

第三部分 方法篇

从 0 到 1 打造企业核心业务资产

我们先回顾一下大产品的定义："大产品特指通过商业视角对企业级产品进行战略规划，使企业获得可持续高速发展的核心业务资产。"对企业级产品进行战略规划是一个系统的过程，从企业赛道选择到客户精准定位，进而确定企业以及产品的定位，再到最后的产品可行性验证。只有对整个过程进行精准把握才能保证大产品从 0 到 1 的完美启动。

那么，正确的赛道选择的判断依据是什么？如何确定客户的特征和痛点，从而判断切入角度？如何做好企业及产品的定位，聚焦企业发展目标？如何设计产品的 MVP 闭环，以降低试错和验证成本？在此，我们将对大产品打造的具体方法展开详细的讲解。

第 8 章

找准赛道：把握商业趋势，赢在起跑线

趋势是最大的赛道

在近 20 年来出现的独角兽企业所采用的创新型商业模式中，往往都有一个可以支撑企业整体发展的关键业务，也就是我们所说的关键产品。因此，对于大多数中小型企业，尤其是初创企业，产品定位和企业定位几乎可以用同样的方法进行研究。

我们知道很多时候"选择比努力更重要"，选对方向，才对得起后续的努力。定位即方向，在研究产品定位时，我们使用了"赛道"这个词。赛道原本是汽车拉力赛领域使用的术语，之所以选择这个词是因为在企业顶层设计的时候，我们最应该关注的是企业未来将要到达哪里，以及通过什么样的方法、路径到达目的地。

对于一家成长型企业，最大的赛道就是趋势。要想看清楚趋势，研究并预判企业未来的极致目的到底在哪里，企业家就必须脱离企业内部视角，站到一个更高的位置去看待未来行业乃至社会的发展。

在数字化时代已经到来的今天，出现了众多新型科学技术，尤其是指数级技术。所谓指数级技术是指能够将传统的实体经济产品进行数字化，从而带来价值的倍增的技术。这些技术就是在不远的未来重构人类生产和生活方式的力量，而研究这些技术在本行业的应用，我们就可以知道未来产业的变

化趋势是什么,也就可以找准企业与大产品的定位。

改变人类生产和生活方式的七项关键技术

随着全球最近 20 多年的科技进步,人类的生产和生活方式发生了很大的变化,尤其是能够让我们的业务出现指数级增长的关键技术,概括起来有七项:互联网、传感器、云计算、大数据、3D 打印、人工智能、合成生物学。这七项关键技术在不同的领域深刻改变着我们的生产和生活方式,如图 8-1 所示。通过长期的观察与研究,我们可以看到,这些技术无一例外都是可以将某些实体类物品或者事物用数字化的方式进行改造,通过对产品的去货币化、去物质化,从而帮助企业大幅降低经营成本,迅速拓展客户规模,实现在行业内的颠覆式创新。

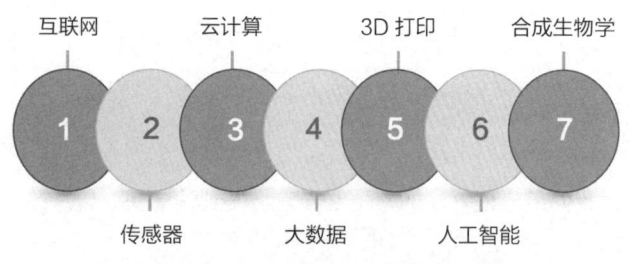

图 8-1 改变人类进程的七项关键技术

随着这些技术的不断完善,并开始进入实用化阶段,"互联网+""智能制造"等广泛的应用,虚拟与实体商业深度融合,社会正在形成新的生产方式、产业形态、商业模式等创新经济形态。与此同时,传统产业更多地与互联网、智能化相结合,加快改造升级步伐,实现脱胎换骨般的新变化。因此,实体经济企业有必要随时了解和洞察新技术将带给产业的改变趋势。

下面,我们将就上述的七项关键技术进行逐一浅析。

互联网

在过去的 20 余年里,互联网给我们的生产和生活方式就带来了巨大的改变,在未来,这一技术仍然会不断地改变我们的世界。在产品创新的方法介绍中,我们大量使用了互联网的技术手段,而互联网技术并没有停止步伐,例如 5G 技术将在很多领域助力传统产业升级,促进产业互联网的加速,使更多的产品走向大规模商用,如图 8-2 所示。同时,伴随着这一技术不断升级所带来的新模式也会对相关产业产生重大影响。

图 8-2　未来 5G 互联网的设想

传感器

传感器是一种检测装置,能感受到被测量体的某类信息,并将此类信息转化成数字信号进行输出,以供给产品后期的应用。

在多种数字化技术的推动下,世界快速进入信息时代。传统实体经济产业首先要解决将实体对象转化为数字信号才能进行后期应用的难题,而传感器就是获取生产、生活领域中实体对象信息的主要手段与途径。

在现代工业生产中,基于自动检测和自动控制的自动化生产逐渐成为主流模式,各种传感器被用于监视和控制生产过程中的各个环节,使生产设备保持正常状态,进而使产品质量和生产效率达到最优,如图8-3所示。

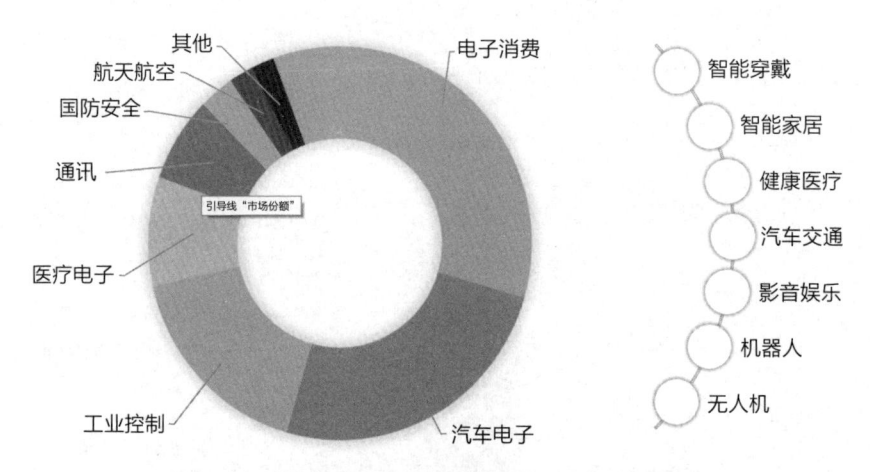

图 8-3 智能传感器主要应用的行业分布和应用场景

企业还可以利用传感器技术,将一些用传统方法无法测量或无法量化的内容转变成数字信号,推进结果的可视化、可衡量。利用这些可被衡量的结果数据反向进行产品创新,从而带来全新的客户体验,为客户创造更大的价值。

传感器技术的不断创新,促进了人工智能技术的飞速发展,让机器设备逐渐拥有了类似于人类的视觉、听觉、触觉、味觉和嗅觉。利用这些技术,企业研发出了多种影响和改变消费者生活的创新型产品。例如,血压、心电图等传感器的数据监测可以让我们随时了解自己的身体状态,而医生则可根据这些数据对我们的健康状况进行远程诊断与指导。

传感器技术是典型的数字化转型技术，其发展趋势将会朝着微型化、智能化、多功能化和低成本化不断地进行演变。在创新经济时代以客户为中心的思维模式下，应用传感器技术进行应用驱动下的产品创新，为企业赢得的潜在市场机会，其想象空间巨大。

云计算

云计算是分布式计算的一种，是指通过"云"将巨大的数据计算程序分解成无数个小的计算程序，然后通过多服务器组成的系统进行处理和分析后，将结果合并返回给用户。由于分布式运算相对集中、运算在能力上的大幅提升，使系统可以在很短的时间内完成数以万计数据的处理。

现阶段的云服务已经不再特指单一的分布式计算，而是分布式计算、网络存储、负载均衡和虚拟化等多种技术应用的统一称呼。

从广义上来说，云计算是与信息技术、互联网应用相关的一种服务，我们通常将这种共享资源池叫作"云"。云计算将许多计算型资源整合起来，通过软件实现自动化管理，如图8-4所示。相对于传统的单一服务器部署的方式，"云"可以做到随用随买，购买和维护成本低，这也为中小型企业的数字化转型建设提供了良好的准入基础。

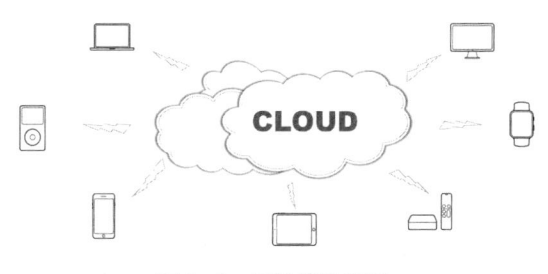

图 8-4　云计算示意图

云计算的商业价值已经在近些年来显示出了强大的威力。SAAS类软件服务、存储云、教育云、金融云等应用模式层出不穷。在未来，随着云计算服务趋向成熟，每个终端用户都能便捷地使用基于云计算的丰富应用软件服务、云存储及数据资源服务，通过各种智能设备进行数据分享和应用。基于云计算的各种集成软件和数据资源一体化的创新型专业硬件产品将不断出现，争夺原来由电脑和智能手机长期占领的硬件市场份额。

大数据

大数据是指无法在一定时间范围内使用常规工具进行捕捉、管理和处理的多种类型数据的集合，如图 8–5 所示。

可穿戴设备数据　文档数据　LBS 数据

BIG DATA　交易数据

大街小巷的摄像头数据

语音数据　网络图片数据

网络视频数据

图 8–5　大数据的多元化组成

大数据的商业价值主要体现在以下几个方面：

» 企业利用大数据对消费者进行产品的精准营销；
» 企业利用大数据为客户提供更加精准的服务，提升客户体验；
» 在互联网时代，充分利用大数据，挖掘潜在商业机会。

《中华人民共和国国民经济和社会发展第十三个五年规划纲要》于 2016 年发布，其中第二十七章"实施国家大数据战略"提出：把大数据作为基础性战略资源，全面实施促进大数据发展行动，加快推动数据资源共享开放和开发应用，助力产业转型升级和社会治理创新。

企业利用大数据和相关分析可以降低成本、提高效率、开发新产品、业务决策等。传统企业如何合法合规地利用大数据进行转型升级是很多企业接下来的一个重要任务。

3D 打印

3D 打印是一种快速成型的技术，具体地说，它是一种以数字模型为基础，运用粉末状金属或塑料等可黏合材料，通过逐层打印的方式来构造物体的技术。一般而言，3D 打印是采用数字技术材料打印机来实现的，早期在模具制造、工业设计等领域被用于制造模型，后来逐步应用于产品和零部件的直接制造，如图 8-6 所示。该技术在工业设计、建筑、工程、汽车、航空航天、医疗、教育、军事装备等领域都有所应用，尤其是在航空航天、军事、医学、建筑及汽车制造、电子行业得到了率先应用。

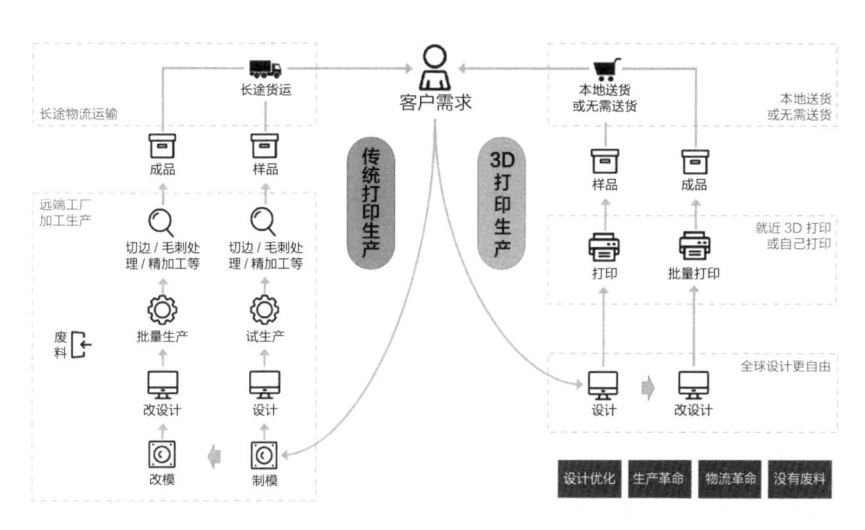

图 8-6 3D 打印产业链

完整的 3D 打印过程分为三步：（1）三维设计；（2）切片处理；（3）打

印。从这三个步骤中，我们可以想象未来的全球供应链将会发生什么样的改变：传统依靠物流运送零件和产品的模式可能变为通过互联网传递数字化设计文件，交由本地打印中心进行零配件和产品的制造后，再交由本地物流企业进行客户配送。

从长远来看，目前 3D 打印技术仍然处在尝试阶段，其主要应用于传统加工工艺无法胜任的复杂零部件生产，或者高成本配送的产品。3D 打印仍存在很多的问题，无论是打印用材料，还是打印机本身都存在可大幅提升的空间。但是，无论是产品的打印还是零部件的制造，3D 打印都具备传统加工制造方法不具备的优势。传统加工制造是采用减料加工模式，而 3D 打印是增料加工，不会造成生产物料浪费，因此 3D 打印是必然的发展趋势。

3D 打印技术是典型的指数级技术，当加工制造生产过程经过数字化改造后，其技术发展的速度会越来越快。因此，加工与制造型企业可以关注 3D 打印的发展，以便适时做出对企业有利的战略判断和调整。

人工智能

人工智能与基因工程、纳米科学被称为 21 世纪三大尖端技术。作为计算机科学的一个分支，人工智能通过对人类智慧的研究，研发出一种能以与人类智能相似的方式做出反应的智能机器。人工智能领域的研究包括机器人、语言识别、图像识别、自然语言处理和专家系统等。人工智能技术自诞生以来，理论和技术发展迅速，应用领域也不断扩大。未来通过人工智能技术带来的科技产品，将会是人类智慧的"容器"。人工智能通过对人类的意识、思维过程的模拟，在某些领域达到像人类一样思考，甚至局部结果超过人类智能。

目前，人工智能广泛应用在机器视觉、指纹识别、人脸识别、视网膜识别、专家系统、智能自动控制、智能搜索、博弈、机器人、语言和图像理解、遗传编程等垂直化领域。在商业应用中，还可以将上述各领域的人工智能技术进行有机整合，形成新的人工智能应用。例如，我们熟知的下棋机器人、行走机器人及工业装配机器人、自动写稿机器人和自动驾驶汽车等都是人工智能组合应用的具体产品形态。

除上述应用外，人工智能可拓展的领域非常广阔。例如在教育领域，我们将教育人工智能（EAI）抽象为三个基础模型：（1）教学模型；（2）学科模型；（3）学习者模型（见图8-7）。根据这三个模型的关系，我们可以整合上述部分人工智能技术，从而实现人工智能在教育领域的应用。

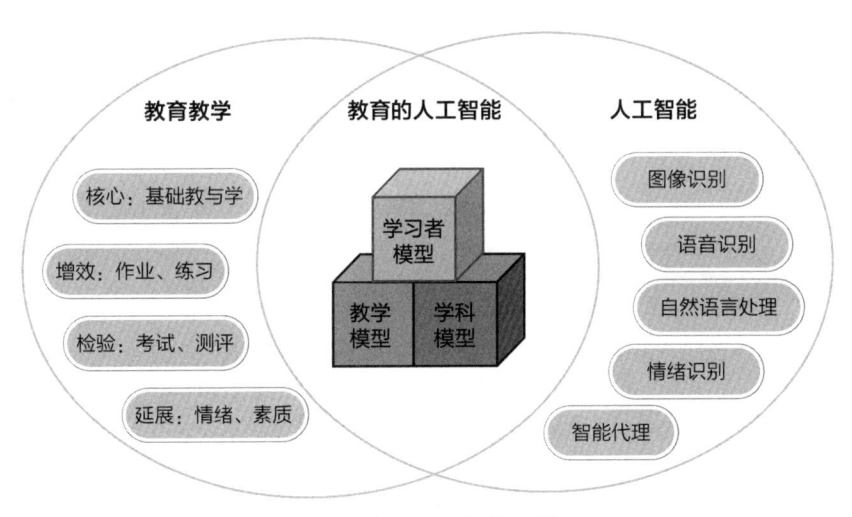

图8-7 教育人工智能逻辑图

合成生物学

合成生物学是21世纪生物学领域新兴的一门学科，是分子和细胞生物学、进化系统学、生物化学、信息学、数学、计算机科学和工程学等多学科交叉的产物。合成生物学目前已经在医疗技术、生物能源、生物材料等诸多领域取得了成果，被认为是一种颠覆性前沿技术，甚至将会带来分子生物学革命和基因组学革命之后的第三次生物技术革命。

合成生物学通过数字化的方式，解释并模拟生物合成的基本规律，设计并构建具有特定生理功能的生物系统，从而建立药物、功能材料、能源替代品等产品的新制造途径，如图 8-8 所示。合成生物学已成为全球研发的热点领域，未来在基于基因工程的医疗、疫苗研究、军事领域、新材料制造及新生物能源的开发方面具有广阔的前景。

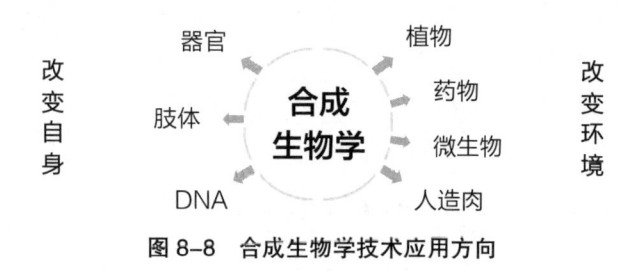

图 8-8　合成生物学技术应用方向

根据趋势判断赛道

我们在前面对一些未来会改变人类生产和生活方式的指数级技术进行了逐一简述，那么到底如何利用这些方式对未来的发展趋势进行判断？我们在这里举一个例子。

自 2014 年开始，伴随着"共享"风口出现了一个全新细分行业——"共享充电宝"。共享充电宝这一产品的出现，极大地解决了因智能手机产业发展过快、配套产业跟进滞后而造成的手机耗电量过大、待机时间短等客户体验差的问题。正因为这个刚需存在，共享充电宝这一细分品类的产品迅速得到市场热捧，如图 8-9 所示。

```
2014—2015年          2016—2017年         2017年末—2018年      2019年至今
初创期：诸侯初现      混战期：群雄并起    洗牌期：逐鹿中原     成熟期：三足鼎立

培养用户习惯，进     共享充电宝模式跑    快速发展的同时，     行业格局逐步稳定，
行模式探索，判断     通，多家企业进入，  资源向头部聚集，     多数企业退出市场，
市场规模，共享充     众多投资机构布局    形成行业壁垒，洗     竞争在头部中展开
电宝可行性验证                           牌加剧
```

图 8-9　共享充电宝产业发展路径图

按照前面介绍的赛道选择的方法对共享充电宝进行判断，这个产品真的是一个可持续发展的细分品类吗？

我们使用趋势判断法对这一产品进行研究。假设共享充电宝这个产品能够在未来 15~20 年持续给目标客户提供价值，从而使企业获得持续发展，那么，这个价值所对应的需求就要持续 15~20 年，也就是说在未来很长的一个周期内，手机经常没电是一个常态。但是，这个现状能够维持那么久吗？

首先，我们先看一下和手机使用时间有关的因素：（1）能源产业，如果要想实现充电宝的刚需特点，能源产业在 20 年内一定造不出存储容量高且成本更低的新电池；（2）手机芯片及集成电路产业，必须无法制造出低能耗且高运算力的芯片；（3）手机应用软件产业，必须无法写出效率更高且费电量更小的程序。也就是说，只有在能源产业、手机硬件产业和软件产业都无法实现持续突破的情况下，共享充电宝这种产品才有可能得到持续发展。结论是不是已经很明显了？

伴随着全球性的能源危机及技术发展所带来的新机遇，多个国家竞相宣布逐步淘汰汽油车和柴油车，并宣布明确的禁售时间表，如图 8-10 所示。

作为世界最大汽车使用市场，中国也于 2017 年公开表示已启动中国版禁售燃油车时间表的研究。新能源汽车的发展已经成为一种不可阻挡的趋势，那么作为传统燃油车的技术改良型产品，在未来的发展前景如何呢？

```
荷兰、挪威                    法国、英国
2025 年                      2040 年
        ●      ●      ●
            2030 年
           德国、印度
```

图 8-10　全球部分国家传统燃油车禁售时间表

如果自动驾驶是这个时代汽车制造领域的一个趋势，那么汽车的"车内娱乐系统"会发生什么样的变化？是否还是在无法解放驾驶员视线的情况下，以声音为主要娱乐的产品呢？

沃尔沃汽车公司最新发布的概念车型中，其车内配置完全不同于传统汽车。该车没有方向盘、仪表盘，也并不存在驾驶座位，车内布局完全随个人喜好而变化，可作为卧室、移动办公室、起居室和娱乐空间。随着技术的发展，作为新一代的出行工具，自动驾驶将极大地拓展了车内空间的利用率。

在进行赛道选择判断的时候，我们可以利用关键技术的发展情况来进行趋势研究并做出判断，而数字化时代下的关键技术，往往会带来人类生产和生活方式的改变。

其他几项关键技术也大同小异，我们要将这几项关键技术放到我们所从事的行业中去预判在未来的趋势，比如，我们知道如果自动驾驶会成为我们行业的发展趋势，那么什么将成为一种可能？例如，在汽车领域，我们说车内的娱乐系统在目前阶段更重要的是应用在了音响为王的时代，但当自动驾驶成为一种可能，解放了我们 30%~50% 时间的时候，那车内的娱乐系统还是以音乐为主吗？答案一定是否定的，这就造就了一个新的赛道。这个赛道是一个创新型的、在历史上没有出现过的，因此也就给人们留下了很大的想象空间。

> **思考与练习**
>
> 1. 什么是企业赛道？最大的赛道是什么？
> 2. 有哪些关键技术可以改变人类的生产和生活方式？在这些技术中，哪些技术对所在企业的未来发展影响最大？
> 3. 我们如何利用趋势，提前进行产品的前瞻式布局？把你的想法写下来。

第 9 章

价值挖掘：挖掘具有商业价值的客户痛点，打造产品核心价值

客户肖像越清晰，产品就越聚焦

客户是一切商业活动的基础。

所有的商业活动都是围绕着客户这个基础展开的。如果你的产品提炼不出独特的价值主张和营销卖点，那么问题很有可能就出在客户细分上。

同样一个产品，如果我们将其定位在为不同的客户服务，那么其就有不同的价值创造方向，自然产品和商业模式也就很容易打造出差异化竞争优势。

因此，对于客户的研究是每家企业必须经历的一项核心工作。但是在实际的工作中，我们发现很多企业家仍然停留在工业时代下产供销的商业思维阶段，它们往往是将产品研发和生产出来以后再进行销售，而在创新经济时代下，我们强调的以客户为中心的思路并没有得到落地应用。

当面对行业里的红海市场竞争时，我们需要对产品的品类进行细分，而品类细分的前置条件，就是对客户的研究与细分。2020 年初的全球疫情带来了在线教育的高速发展。如果你认真分析，就会发现在线教育领域也出现了细分发展，每个不同的细分领域也都出现了对应的领军企业，如专注全球企业视频会议市场的 Zoom、专注中小学教育的 Classin，以及专注高端工商管理教育的小鹅通，这三家在线教育工具提供商的业务规模都在稳步快速

增长。而出现这种并行快速增长的原因，不外乎对于其目标客户的细分，从而造就了其产品针对目标客户提供了不同的功能和差异化卖点，甚至营销模式。

对于一个产品，如果企业认为所有人都是该产品的客户，那么绝大多数情况下，所有的人可能都不会购买使用该产品，更无法形成独特的竞争优势，所以，每个产品都应该有一个精准的客群定位。

拿生活中常见的保温杯来说，如果一个保温杯同时适用于儿童、上班族、老年人，那么该产品将会失去所有针对性的特色，而无法满足定向需求。很多的产品创新不是来自发明，而是来自对特定用户群体的使用场景进行需求研究，发现某个特点，并且有针对性地提供相应的解决方案。保温杯这个产品，也必须精准定位到其中某个人群才能实现差异化的卖点。比如，儿童的保温杯一定是在形式产品层面上更卡通化或可爱化；老年人有饮茶习惯，保温杯应更加注重养生和茶水分离；讲师的保温杯往往要求能够便于携带不洒漏，保温效果好。

最近20年来，在各个领域出现的独角兽企业往往都是针对一个非常精准的客群展开产品的布局，不断提高市场占有率，因此对于客群的定位是现代企业进行商业模式规划时的一项基础工作。

客户越清晰，定位越精准。没有清晰的客户特征分析，就无法搭建企业快速发展的基础。要想将客户分析做得精准，可以采用如下四个步骤。

锁定客群

客户细分、再细分，才能造就行业霸主。当你期望全世界的人或企业都成为你的客户时，你就已经失去了所有的客户。

产品和营销的关系就像天平的两端，企业在产品销售上遇到的问题，很有可能并非出现在销售技能上。产品"好",营销就会容易做,而这个"好",需要针对一个特定客群才能打造出来。

一个好的产品和商业模式,通常情况都是锁住了一个精准客群,并且在此基础上不断地对精准客户进行长期深度研究与服务,才能伴随着客户的成长而成长。

梳理客户角色

"客户"到底指的是谁?"客户"是一个概念用语,只有准确地掌握其含义,才能有效地将"客户"具体化、形象化和实用化。

要想理解"客户"这个概念,我们首先要对企业的业务模式做一个解读。到底什么是 ToB 和 ToC 的业务模式?

近些年,我们经常能够听到这个伴随着互联网的发展而逐渐被大家熟知的业务类型的概念。虽然看上去是一个很简单的概念,但是很多企业经营者并没有真正清晰地区分两者之间的差异,而只是在一个模糊的认知基础上对自己企业的业务类型进行了错误的判断。在最近两年的商学院授课过程中,我们认识到了这个问题的严重性。因为如果业务类型判断错了,其最大的影响在于对客户的判断失误,而判断谁是客户出现失误后,产品和商业模式的价值创造方向就会出现错误。这也是很多企业业绩长期无增长的重要原因。

到底什么是 ToB 和 ToC 的业务模式?经过长期的经营实践,我们给出了如下的严格定义:

» ToB:面向企业端客户的业务。企业自有品牌产品的购买和使用为企业的,则为 ToB 业务。
» ToC:面向消费者端客户的业务。企业自有品牌产品的购买和使用为消费者的,则为 ToC 业务。

上述两种业务类型的产品在落实到研发与营销过程中，都需要先把客户划分成不同的角色，才能完成精准定位和价值挖掘。

企业客户的角色划分

我们通常把企业客户分为五个角色：发起者、购买者、决策者、使用者、影响者，如图9-1所示。

- » 发起者：在企业的产品采购行为中，提出购买需求的角色。
- » 购买者：一般为企业的采购岗位，还有些是企业中的行政部门岗位。
- » 决策者：通常情况下，决策者是企业经营管理中的一号位，也就是总经理或者董事长。
- » 使用者：产品采购完成后的最终用户。
- » 影响者：对企业采购产品进行决策时，能够影响决策的人。

图9-1 企业客户的角色划分

针对不同类型的产品，企业在进行产品的打造和营销时，要根据不同角色的特征，进行有针对性的规划。例如，对于一些专业工具类产品，在产品的需求挖掘上，既要满足使用者的需求，又要满足决策者的需求；在营销方面，要先与使用者接触，再延展到决策者进行采购决策。而对于一些常见的办公用品，则要尽量满足使用者和购买者的需求。

消费者客户的角色划分

通常情况下，消费者客户的角色划分比较简单，而往往表现出来的是决策者和购买者的重合，如图 9-2 所示。例如，儿童教育类产品的购买者和决策者是家长，使用者是儿童，影响者很有可能是其他同龄孩子的家长，或者学校的老师。

图 9-2 消费者客户的角色划分

确定角色顺序

对于复杂度较高的大型产品，在研究客户时，我们通常会对客户的角色按照重要度和接触顺序进行优先级的排序，如图 9-3 所示。一般情况下，我们会优先选择前两个角色作为价值挖掘的重点对象进行产品的规划。

图 9-3 客户角色的顺序确定

精准描述客户画像

在理解了客户角色的划分原理后，我们就可以使用"客户画像"工具精准描述客户划分中的每一个角色，以便能够在产品和营销中进行有针对性的价值创造和高效率的价值传递。

在过去很长的一段时间内，我们区分客户的方式基本上是按地域区分的，比如有人会问到这位先生是哪里人，并从地域的划分上来判断他的行为习惯和偏好。而在数字化时代，区分客户的方式早已不再是单单依靠地域来区分，客户的属性和特征是立体的，所以我们对客户的描述也应该是立体和全方位的，在这里我们将区分客户的方法升级为"标签法"。

客户细分是商业模式的基础，对客户了解得越清晰，针对潜在客户的刚需研究就越准确，对潜在客户的获取就越容易，当然对客户关系的维护也就越简单。如何通过标签来快速、精准判断描述客户呢？我们在客户画像工具中通常会使用到五类标签，它们分别是：基础标签、渠道标签、情感标签、需求标签和能力标签（见表9–1）。

表 9–1　　　　　　　　　　客户画像工具

1	基础标签	客户是谁？ 其中包括性别、年龄、学历、职业、生活在什么城市
2	渠道标签	客户在哪里？ 是在论坛、QQ群、脉脉、搜索、朋友圈、创投圈、人脉圈，还是在线下场所
3	情感标签	客户在决策时的情感动机是什么？ 爱好什么？兴趣点是什么？讨厌什么？禁忌什么？价值观如何
4	需求标签	客户的需求是什么？ 购物习惯是什么？平时对哪些商品或者服务感兴趣？精神/物质需求是什么
5	能力标签	客户的消费能力如何？ 收入情况？消费习惯？消费能力？学习能力如何

使用表9–1中的五类标签，可以帮助我们快速精准描述出客户的场景情况。在本书后面的章节中，我们会对精准客群画像在商业模式设计中的具体使用方法进行介绍，下面我们先对五个标签做一个具体的介绍。

基础标签

基础标签主要定义客户是谁，包含了客户的性别、年龄、学历、职业、生活在什么样的城市等。

渠道标签

渠道标签定义了平时在什么场景下可以找到客户，在什么地方可以接触到客户，以便传递我们的价值主张。具体来讲，是在网上的论坛、QQ 群里，还是在朋友圈、创投圈、人脉圈、线下的俱乐部？是在写字楼、机场、书店，还是在居民社区？

情感标签

情感标签是指在做购物决策时，客户的情感动机是什么。具体来讲，客户平时喜欢做些什么，兴趣爱好是什么，讨厌什么，忌讳什么，以及价值观和消费观是什么。如果我们把目标客户的情感标签分析清楚，就可以在产品外观、包装等形式产品的设计方面进行优化，甚至在情感方面还可以尝试将前面所谈到的产品形态之一的"理念"进行延展设计。情感标签在产品创新中最重要的作用是非功能性设计，当我们非常清晰地了解目标客户的情感诉求后，就可以在形式产品层面、无形服务、理念方面对产品进行创新提升。

需求标签

需求标签是指客户的真实需求到底是什么。这个标签直接对应到我们的核心产品上，也就是我们在核心产品上对应解决用户刚需、痛点的功能以及性能。在这个标签中，我们可以针对目标客户的购物习惯进行描述，如对哪些商品或者服务感兴趣，精神层面和物质层面的需求有哪些。

能力标签

对于目标客户能力部分的描述，往往是策划产品时被企业忽略的部分。能力标签主要强调的是客户的消费能力以及学习能力。

消费能力是指目标客户为产品买单的能力，通常和客户的收入情况有关。如是企业客户，则与企业的年度销售收入及利润有关。学习能力在被大多数企业做客户定义描述时更容易被遗忘。很多产品因不同的实际场景，对于客户的学习能力有一定要求。当我们忽略了学习能力的定义时，就会导致目标客户定义不清晰，从而影响产品的销售量和口碑。

拿单反数码相机来说，这类单反相机针对的精准客群应该是专业摄影师和摄影发烧友。但是如果仅局限在此类目标客群上，那么单反相机的市场空间将会很小，所以，单反相机的目标客户要扩展为对学习摄影有兴趣的人群。但是期望学习摄影的准客户并不代表着他已经学会了摄影，而对于单反摄影的两项关键指标——光圈和快门的组合会直接影响摄影作品的质量。为了能够让扩大的目标客群用户在使用时可以先快速上手，再慢慢熟悉专业功能，所以大多数准专业单反相机中都在模式拨盘上增加了一个全自动智能模式。这种方式大幅降低了入门级摄影爱好者在学习使用单反相机进行摄影学习的门槛，从而促进了单反相机的销售。这也是根据客户学习能力的分析，进行产品优化的结果。

针对企业的工具型产品，如果我们没有认真研究目标用户的学习能力，那么企业客户在买单后，这个工具型产品的学习成本将会转移到企业客户上，从而使企业客户的负担增加。在让客户获得同样结果的情况下，易用性高、培训成本低的工具型产品一定会从市场竞争中脱颖而出，成为目标企业客户优先采购的对象。

再如，伴随着一、二线城市的消费升级大潮而出现的餐饮产品——轻食沙拉，无论是堂食还是外卖，其平均价格都在30~40元，而食品本身的诉求是健康、营养均衡、低油脂、低热量。下面我们就这个餐饮产品，使用本书中的客户画像工具对其目标客户进行精准客户的分析，如表9–2所示。

表 9-2　　　　　　　轻食沙拉产品客户画像工具分析

1	基础标签	客户是谁？ 女性、25~35 岁、白领
2	渠道标签	客户在哪里？ 写字楼、CBD、健身房
3	情感标签	客户在决策时的情感动机是什么？ 新潮、流行、时尚
4	需求标签	客户的需求是什么？ 健康瘦身
5	能力标签	客户的消费能力如何？ 月收入为 15 000~30 000 元

需求、刚需和痛点的关系

不是所有的需求都是刚需，也不是所有的刚需都能形成痛点，更不是所有的痛点都具有商业价值。

做产品规划最重要的就是要找到目标客户群体的一个需求点，并且围绕这一点进行解决方案的科学打磨。如何在需求调研阶段顺利完成产品核心价值点的打造，是产品能否成功最重要的因素。上面我们提到了在做产品调研时经常会使用的三个专有名词：需求、刚需、痛点。到底什么是需求？什么是刚需？什么是痛点？三者之间如何进行区分？产品应该解决哪一类型的问题？下面我们就使用一个简单实用的方法看看在实际工作中是如何使用的。

我们先来看一下对于三个专有名词的定义。

（1）需求。需求是指消费者在一定价格条件下对商品的需要量。需求不等于需要，形成需求有三个要素：对物品的偏好、物品的价格和手中的收入。需要只相当于对物品的偏好,并没有考虑支付能力等因素,一个没有支付能力的购买意愿并不构成需求。需求比需要的层次更高,涉及的因素不仅仅是内在的。

(2)刚需。刚需的全称是"刚性需求",是指在商品供求关系中受价格影响较小的需求。当刚性需求被上涨过快的商品价格破坏后,这个刚性需求就成了弹性需求。

(3)痛点。对于痛点的定义有很多种,本书中的痛点特指用户在使用产品的过程中抱怨的、不满的、感到痛苦的接触点,被大多数人反复表述过的一个有待去解决的问题、有待去实现的愿望。

在做产品规划时要考虑的这三个要素中,痛点是需要优先解决的,其次是刚需,最后才是普通需求。但是在实际工作中,经常会听到有人说,企业中有这个需求,有那个需求,于是企业按照需求定制了产品或者在现有产品上增加了一些功能,结果产品上市后并没有获得客户的追捧,反而让产品食之无味,弃之可惜。究其具体原因,就是对需求的等级没有正确的认知并使用科学的分辨方法。需求、刚需和痛点的关系逻辑图如图9-4所示。

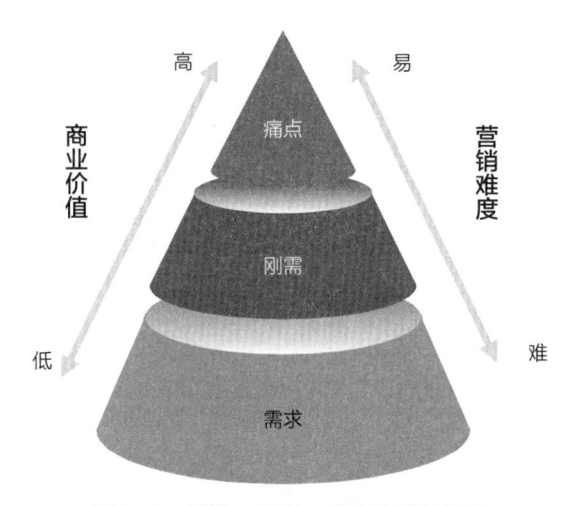

图9-4 需求、刚需、痛点关系逻辑图

产品的价值贡献与需求的等级呈现正相关性，需求越迫切，产品给客户创造的价值越大，企业的回报也就越高。那么到底该如何区分？我们来看下面例子。

香菜（又名芫荽）是我国家庭烹调常备的调味食材。2015年春节前，山东下了大雪，因物流的原因导致香菜价格出现波动，很多消费者直接选择不吃了，转而购买香葱等调味菜进行替代。这种一旦出现价格波动就停止采购的需求，就是普通需求。

再举一个例子，现在很多家庭都拥有私家车，主要用于上下班和周末出游。如果汽油价格持续上涨，很多私家车主就会渐渐放弃开车，而选择乘坐公交车出行。但是，无论油价如何暴涨，出租车、公交车、物流用车、救护车等特种车辆仍然需要加油。对于这些运营车辆来讲，油价的变动并没有引起其对汽油采购的终止。同样的汽车，按照用途不同，我们可以将其区分为消费型用车和生产工具型用车。对于消费型用车，车主会在一定油价范围内采购汽油，而超出一定价格范围则暂停采购；但是对于生产工具型用车，不管油价如何变动，对汽油的采购都是必须持续进行的，否则企业的主营业务就会停止。假设在这个时期，有一家企业适时推出了高性价比的节油产品，可以弥补油价上涨带来的成本增加，那么对于运营里程非常多的生产工具型车辆，你还需要做大规模营销推广吗？我相信，只要效果好，你只需要设置多个服务站，就能将产品大量销售出去。

在这个案例中，我们可以发现对于同样的产品，不同的客户对其需求的迫切度不同，刚需、痛点的迫切度也具备一定的时效性。对于私家车主，汽油是刚需；而对于运营车辆的采购者，汽油是痛点。

我们来对需求、刚需和痛点的区分方法做一个简单的总结。假设这个产品同样是目标客户所需要的，但如果出现价格向上小幅度波动，客户则停止采购，那就是普通需求，其特点是可有可无；当产品在一定价格波动范围内，客户仍会持续采购的，就是刚需；当价格超出普通大众所接受的范围，客户仍然必须采购的则是痛点。上述总结只不过是区分需求等级的方法之一，在不同的领域，可以有很多种方法。

做产品的时候，必须优先挖掘客户的痛点问题，其次是刚需，普通需求尽量不要作为产品的核心卖点，因为其并不能给客户创造高的价值。

痛点挖掘的方法

市场上关于需求调研的方法有很多种，比如，现场观察法、原场景体验法、数据分析法、问卷调查法、访谈法和焦点小组调研法等。各种需求调研方法都有其优缺点，需要产品经理根据新产品的特点，有针对性地采用不同的方式与方法进行需求调研。

为了保证调研有效，必须强调调研前的准备工作。互联网时代强化了产品经理的创新职能，与传统的需求分析师有很大的工作职责差异。传统的产品研发和需求分析，往往都是在做完客户调研后，根据客户的需求进行产品规划；而产品经理则是要深度研究客户，创造潜在需求并实践于产品。这也是在创新经济时代的大环境下，创新型产品层出不穷的原因。

在传统的需求调研中，客户往往会针对已经存在的一个产品提出改进意见及建议，而对于从来没有见过的产品却无法提出见解。这时就需要产品经理深度研究目标客户的应用场景，并事先针对研究中发现的"假设需求"进行产品解决方案的规划，进而在客户调研过程中进行"需求验证"。因此，对于痛点挖掘的方法，本书强调对目标客户群体的深度分析和需求验证过程。

在具体的痛点挖掘过程中，要对需求的真实性进行不断地分析与校验，剥离其表层需求，找到真实的源需求。在此基础上进行产品解决方案的打磨，才能让产品发挥最大的价值。

在痛点挖掘的过程中，不能死搬硬套现成的工具，要结合时代的特点和客户的特征，将方法灵活运用。按照马斯洛需求层次理论，虽然找到有商业价值的痛点需求一定有机会做出好产品，但并非只有找到痛点需求才能研发出好产品，如图9-5所示。

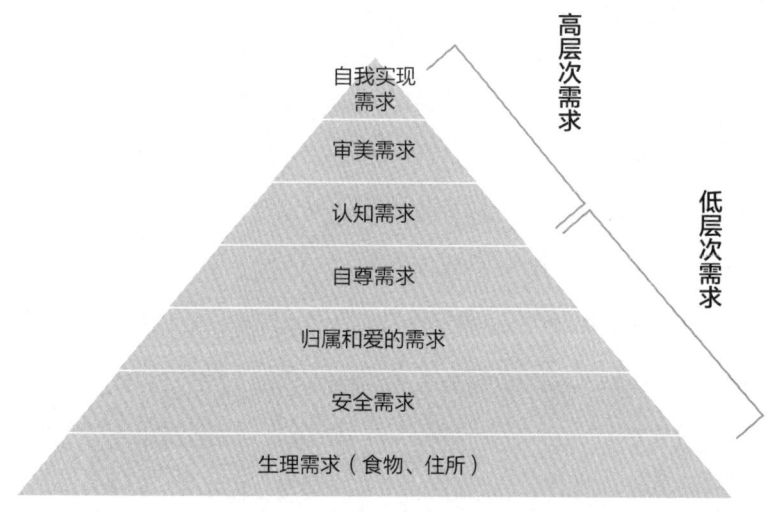

图9-5 马斯洛七层需求层次理论

痛点需求往往体现在满足低层次的需求，痒点需求则体现在满足高层次的需求，而超越了使用价值本身，带来超高体验价值和社会认同性传播价值的产品往往会获得同样的成功。

打造客户视角的极致产品体验

在客户心智中，只会保留某一个客户视角品类中单一卖点的品牌产品，在采购时，会根据单一需求进行品牌的反向心智关联来做出决策。因此，产品一定要围绕一个单点需求进行科学打磨，为目标客户提供超高价值和极致体验。

"砍掉这个产品80%的功能，集中力量把那20%做到80分以上。"这本是一句对某些产品状况无可奈何的吐槽，但也反映了市场上绝大多数产品的真实现状。如何针对产品的核心需求进行聚焦，围绕单点需求进行功能的极致打磨？按照前面所谈到的产品的品类定位和客户的真实需求，我们将产品功能分为以下四类。

» **主功能**。例如，手机产品的通信功能、餐饮产品的口感和营养功能、互联网搜索引擎的搜索功能、电子商务网站的购物功能等，这些功能代表产品的品类特征，用以直接满足客户需求，是产品中最核心的部分。

» **支持功能**。例如，手机产品的通讯录管理、餐厅的菜单和点餐系统、电子商务网站的搜索工具等，这些功能使用频率低，但是当用户出现需求时，产品必须提供此功能。

» **附加功能**。例如，微信的游戏、餐厅的前置服务等，这些功能可以满足客户的附加需求，依附于主需求之上。良好的附加功能是产品创新的重要手段，可以大幅度提升客户体验。

» **平行功能**。与主功能平行存在的其他功能，也可以满足目标客户某些方面的需求，但是与主功能无从属关系。

本书中所提到的对核心需求进行聚焦，围绕单点需求进行功能的极致打磨，特指四类功能中的前三类功能。与主功能无关的平行功能，在产品口碑打造的过程中首先会被去除。

在客户心智认知的品类中，每一个品类的代表性品牌都会被用来满足自己与品类对应的一个核心需求。去餐厅是用餐的，去图书馆是借书的，去抖音是刷好玩视频的，而上淘宝是购物的。一个产品很难满足目标客户的全部需求，如果在后期需要延展附加功能，也需要在一个大的品类中展开，比如美团在核心功能送餐的基础上，又在"衣食住行"的大品类中拓展了酒店预订和出行功能。

在产品打造的初期，主功能的选择必须聚焦，用解决单一痛点或刚需的价值贡献拉开和其他产品的差距，从而形成客户口碑，成为细分品类的领导品牌。同样的功能，由于品类定位的不同，在功能细节上可以进行差异性优化与创新，从而满足客户的不同用途。

过多的产品功能会严重消耗企业研发资源和客户使用资源。如果某功能消耗的资源不能给客户创造大于消耗的价值，就应该舍弃。综合来说，我们可以使用客户价值创造这一标准对产品功能的取舍进行科学客观的评估。

> **思考与练习**
>
> 1. 你的产品是ToB还是ToC的？尝试用画像工具描述你的客户。
> 2. 如何区分需求、刚需和痛点？什么样的痛点不具备商业价值？
> 3. 如何对目标客户群体的痛点进行挖掘？
> 4. 你所在企业的关键产品的客户痛点是什么？按照上述方法进行需求梳理，并给出对应的解决方案。
> 5. 产品的功能分为几类？使用什么标准对产品功能的取舍进行科学判断？在产品打造的初期，哪些功能应该被舍弃？
> 6. 列举你所在企业的大产品的核心功能，并尝试进行优化。

第 10 章

商业洞察：做好企业级产品定位

在创新经济时代，很多传统的理论都得到了升级，比如我们前面重点强调的以客户为中心，将为客户创造价值作为企业经营的核心等全新理论。定位既是企业经营战略的核心，也是商业模式的起点。企业想要从激烈的市场中获得持续竞争力，精准的定位是基础，继而企业的一切商业活动都在定位的基础上展开。因此，重新审视定位在现代经济环境中的使用变得尤为重要。

如何通过品类细分和精准定位的方法让企业打造出与竞争对手的差异化竞争优势，是本章的讲解重点。

什么是定位

商业成功的关键就是要在客户心智中建立与众不同的形象，也就是定位。定位就是让品牌在客户的心智阶梯中占据最有利的位置，使品牌成为某个类别或者某种特性的代表品牌。通俗来讲，定位就是当客户一有某方面需求的时候，就想到你的品牌。

何为清晰的定位？用一句话来概括，就是要说清楚你是谁。例如，最近很火爆的抖音 App 最初的定位就是一款音乐创意短视频社交软件，一个专注年轻人的 15 秒音乐短视频社区。呷哺呷哺小火锅店"比快餐隆重一分，又比正餐轻松一点"的精准定位帮助其早期获得了市场的快速认可。

定位中的"心智"指的是"心智模式"，是存在人类大脑里的一种存储方式。"心智模式"一词是在20世纪40年代由苏格兰心理学家克雷克提出的，是指深植我们心中关于我们自己、他人、组织及周围世界每个层面的假设、形象和故事，并深受习惯思维、定式思维、已有知识的局限。

客户心智对信息的归类，我们可以简单地称之为"品类"。形象地说，品类就是客户心智中存储不同类别信息用的"小格子"。当客户考虑购买某一个品类商品的时候，首先想到的不是某个具体的产品，而是某个品牌。

以私家车领域为例，各个汽车品牌都有自己独特的心智定位。奔驰汽车适合"商务"；宝马汽车适合"驾驶"；沃尔沃汽车是"最安全"的轿车；而法拉利汽车则代表着"速度与激情"。所以要建立强势品牌，首先要做的就是占领客户的心智，一旦你成功占据了客户在某个细分品类的心智，那么每当客户想要购买某个品类的商品时首先就会想到你的品牌，继而带来的是对这个品牌下相关产品的购买，企业的营销成本将会大幅度降低。商业推进到心智时期，表现为对客户心智资源的争夺，每个成功品牌都应该在客户的心智中建立独特的定位。

为什么要做定位

企业定位既是企业经营战略的核心，也是构建商业模式的起点。

如果没做好定位，企业商业模式的规划就没有了可遵循的原则。我们可以通过定位，解决企业如何从同质化竞争中脱颖而出的问题。例如，红海竞争的电商领域，在淘宝已经占据了综合电商绝大多数市场份额的前提下，京东依托自营产品为主获得了电商领域的一席之地，唯品会又创新了品牌特卖的细分品类，拼多多则对一个之前传统电商无论是商品还是物流服务都没有做到极致的乡镇层客群市场进行了差异化定位，实现了异军突起，并且在实现了第一阶段发展之后，反攻一、二线城市市场。

"现代管理学之父"彼得·德鲁克说过："对于所有的企业来讲，我们都应记住一点：结果只存在于企业的外部，而在企业内部，只有成本。"使企业强大的不是规模，而是品牌在客户心智中的地位。

管理学中有一个很特别的数字"7"。研究表明，在某个细分心智品类里，人们能记住的品牌一般最多只有七个，而第一时间能够想到的只有两个，这也是为什么在一个成熟的市场上，营销的竞争会最终成为"两匹马的竞争"。比如，外卖领域的美团和饿了么，数字化支付领域的微信支付和支付宝等，这就是我们所说的"二元法则"。通常在稳定期的市场环境中，品类中的两个领先品牌，其中一个是领导者，另一个则是后起之秀，二者相互对立。

综上所述，如果你的品牌无法在某一品类中做到数一数二，那么就失去了使用最低的成本赢得市场占有率的基础，这时候，我们就可以考虑通过重新定位的方法去获得新的机会。

如何找到合适的定位

如何找到适合企业自身发展的定位？如何在众多品类中找到足以守得住的市场？我们通常将定位的具体过程分为四个步骤：（1）确定品类；（2）评估竞争对手；（3）定位陈述；（4）定位与产品的交互升级。

确定品类

首先，我们先看看什么是心智视角的品类。"品类"并非一个新词，这个词最初被广泛用于销售管理领域，A.C.尼尔森对品类的定义是"确定什么产品组成小组和类别"，这是基于市场和营销管理角度的定义。在现代商业领域，品类营销是一个热门话题，被很多企业所关注，但值得注意的是，大多数企业所提及的品类仍然是基于市场而非心智视角，二者存在巨大的差异。

心智视角的品类到底是什么？心智视角的品类不是我们常用的商品物理分类，而是消费者心智对信息的归类。消费者面对成千上万的产品信息，习惯于把相似的产品进行归类，而且通常只会记住该产品的代表性品牌。我们把消费者心智对信息的归类称为"心智品类"，例如我们佐酒用的花生米、鸭脖之类的食品在心智品类中被称为下酒菜，而在物理分类中，则被称为休闲食品。

在清晰辨识了两种不同分类方法之间的差异后，就很容易理解跨界打劫现象形成的原理，关于辨识竞争对手的方法在后面小节会有详细的介绍。接下来，我们先了解当企业关键产品所在品类已经存在巨头企业的情况下，企业该如何进行品类的创新。

品类的打造是一个动词而非名词，在此我们使用"categoring"这个词来表达品类化动态概念。企业从精准发现潜在市场需求开始，发现目标客户的潜在需求，并辅以合适的概念来引导，很容易引爆市场。

在成熟的产品品类中，要善于利用品类分化的趋势，在成熟品类内部寻找机会，开创并领导一个品类。如图10-1所示，从世界上第一台通用计算机"ENIAC"于1946年2月14日在美国宾夕法尼亚大学诞生开始，计算机品类就不断地在创新品类。个人计算机从大型计算机中脱颖而出之后，又出现了电脑主机和显示器合一的一体机电脑。随着液晶显示器的出现，笔记本电脑登上历史舞台，随后又出现了没有键盘、更加轻便的平板电脑。随着电脑品类的不断细化创新，率先开创细分品类的企业往往获得了细分品类最大的商业回报。

图 10-1　计算机品类创新图示

发生在我们身边的品类创新的例子有很多。

以九阳豆浆机为例，世界上第一台全自动家用豆浆机是九阳公司的现任董事长王旭宁 1994 年发明的。自己在家里做豆浆，既便捷又健康，王旭宁看到了这一产品广阔的市场前景，果断下海成立了济南九阳电器有限公司，主要从事豆浆机等家用电器的生产和销售。2005 年至 2007 年，九阳公司在豆浆机业务上的销售收入从 3.1 亿元、4.5 亿元一路攀升至 9.7 亿元。2008 年上市时，九阳豆浆机凭借其 80% 的国内市场占有率，被冠以"单品王"美誉。2010 年，九阳股份有限公司的营业收入为 53.3 亿元。

2003 年 7 月 1 日，由马丁·艾伯哈德（Martin Eberhard）和马克·塔彭宁（Marc Tarpenning）共同创立特斯拉汽车公司。特斯拉最初的创业团队主要来自硅谷，用 IT 理念来造汽车，而不是以底特律为代表的传统汽车厂商思路。在汽车行业，特斯拉公司创建了电动及新能源汽车品类，定位高性能豪华新能源轿车。因此，特斯拉公司制造电动车常常被看作一个硅谷小子大战底特律巨头的故事。

在竞争激励的广告传媒市场，诞生于2003年的分众传媒公司在全球范围内首创电梯媒体，开创了全新广告传媒品类。其独有的价值是在传统电视受众中最具消费潜力的主流城市人群必经的电梯中形成了高频次的有效触达，从而形成了强大的品牌引爆力。2005年，分众传媒公司成为首家在美国纳斯达克上市的中国广告传媒股。截至2019年末，它覆盖全国约170个城市和地区，以及亚洲其他国家的25个城市。广告推送每日精准到达超过3亿白领，占据中国电梯电视市场95%以上。

小米插线板是小米公司在2015年3月发布的全新智能产品，其实现了Wi-Fi远程控制等功能，开创了插线板的细分品类。

为了确保企业品类创新的结果可以获得充足的商业回报，企业进行细分品类的创新前要关注如下两个前置条件：

» 细分品类的市场空间足够大；
» 企业的品牌能够成为细分品类中的先锋。

通过细分品类开创自己的领导品类，是企业通过商业模式创新迈向成功的一个重要方法。

评估竞争对手

市面上很多品类的产品已经很丰富了，人们一般会通过比较的方式，了解这个产品和他们之前见过的那些产品会有什么新奇和不同之处，进而做出采购决策。

企业做好竞品分析是拉开和竞争对手差异化竞争的第一步，在此基础上才能给客户一个购买你的产品而不是竞争对手产品的理由。

在进行竞品分析的时候，首先要定义谁是你的竞争对手。简单粗暴地定义竞争对手是"同行"的思路，往往是我们自己认为的归类，而不是客户认知。当我们以客户的视角去重新审视竞品，就会发现随着客户心智品类的改变，竞争对手也发生了改变。比如，炸鸡排店的竞争对手是谁？是附近的餐厅，是其他鸭脖、炸串等小吃店，还是卖零食的便利店？我们只有对品类进行了清晰的界定，才能寻找到对标的竞品，差异化竞争优势的打造方向才能确认。

在谈到竞品分析时，我们并不是分析"分类"，而是在分析"客户"，通常有以下三种情形。

第一，对于部分客户而言，客户明确知道自己想要的是什么产品。因此，企业需要对标的竞品就是直接的同行或同类产品。

第二，对于部分客户而言，他对自己的需求是明确的，但是对满足自己需求的产品并不明确。在这种情况下，能够满足客户明确需求的各种产品都可以彼此视为竞品。

第三，对于部分客户而言，他是没有明确的需求方向的。在这种情况下，也许所有可能抢占客户钱包、时间等资源的产品都有可能成为竞品。

定位陈述

如何用一两个句子明确你定位解决的问题以及为什么客户选择你而不选择你的竞争对手？不需要固定的格式，但一定要把关键点描述出来。

在进行赛道选择后，我们首先必须在这个细分领域上进行产品定位，其次必须明确我们是谁。在这里，我们使用一个简单快速的定位工具，将关键部分描述出来。

定位工具的核心是一段陈述。使用几个句子，明确定义出你的产品所解决的问题，以及为什么你的解决方案是最令人信服的（见图10–2）。

> **For**（target customer），
> 为了（目标客户），
> **Who**（statement of need or opportunity），
> 那些（潜在用户的陈述）的人，
> （Product name）*is a*（product category），
> （产品名称）是一种（产品类别），
> **That**（statement of key benefit）.
> 是（核心竞争力的陈述）。
> **Unlike**（competing alternative），
> 不像（可替代的竞争对手），
> （Product name）（statement of primary differentiation）
> （产品名称）（主要区别的陈述）。

图10–2　产品定位描述工具

定位陈述中必须包含以下三个关键内容：

» 我们的客户是谁？精准的客户是谁？
» 我们的产品在哪个细分品类中？
» 和竞争对手比，我们的核心竞争优势是什么？

这里我们采用了世界五百强企业亚马逊公司早期使用的定位陈述作为案例。

亚马逊是一家网上书店，服务于广大互联网用户中那些喜欢读书的人。区别于传统的网上书店，亚马逊的优势在于低廉的价格、多样化的图书种类以及便捷的购物途径。在相当长的一段时间内，亚马逊都在遵循定位中的描述，不断针对目标客户群体，根据对客户的价值贡献目标，不断强化企业的核心竞争力，从而在书店这个细分领域持续高速发展。

在发展过程中，亚马逊推出了风靡全球的 Kindle 电子书产品。Kindle 的推出，迅速得到了电子产品产业的关注，很多企业纷纷推出了类似的使用墨水屏技术的电子书产品，与亚马逊进行硬件产品的竞争。但几年后，很多竞争者逐渐在市场上消失了。如果我们认真分析亚马逊的定位就会发现，Kindle 这个产品的目标是为亚马逊的客户提升价值而设计的。思考一下，是不是在 Kindle 上，购书更加便宜了？从购书到开始阅读是否更加便捷了？图书的数量是否更多了？正是亚马逊聚焦定位，通过各种工具型产品及数字化技术不断优化自己的核心竞争力，通过 Kindle 这个硬件产品，促使亚马逊在书店的细分品类中大幅度拉开了和竞争对手的差异化竞争优势。

在使用定位陈述时有一点非常重要的注意事项，那就是根据我们前期的实践，很多企业在使用定位工具中出现定位不准确的原因在于，将定位陈述中的三个关键因素和定位的用途进行了错误的描述和使用。

这三个关键因素如下。

» 客户的定位。第 8 章中我们已经讲过具体定位的方法，这里需要注意的是，在定位描述中，客户的描述要精确到大的目标客户群体中更加细分的人群，人群越细分，越有利于降低后续的测试成本。
» 产品的品类。在定位陈述中所指的品类是指影响客户心智中认知的品类，而并非行业内的科学品类。
» 核心竞争力。现在的产品必须以客户为中心去构思，因此在提炼核心竞争力的时候，也要以客户的视角进行陈述，而并非企业拥有什么核心资源。从客户的视角进行思考，你的产品到底能给我什么价值？为什么我要选择你的产品，而不去选择你的竞争对手的产品？

定位的用途是：

定位与传统的广告宣传语不同。广告宣传语的目的是为了向客户传递价值主张，而定位的受众则是企业内部团队成员，让团队知道我们是谁，从而针对企业服务的精准客户群体，不断地对产品进行聚焦打磨，拉开和竞争对手产品的差距及强化核心竞争力，并在此基础上构建企业的创新型商业模式。

世界著名摩托车品牌哈雷戴维森（Harley-Davidson）的企业定位陈述如下：

世界上唯一可以制造出重型、有巨大轰鸣声的
摩托车制造商
主要针对美国地区
那些有男子气概的人（和他们的崇拜者）
在这个缺乏个人自由的年代
他们想重温西部牛仔的梦

哈雷有一段宣传词："生在美国，选择叛逆。"同样的含义，以更简洁精练的语言传递给其目标客户。

从哈雷的定位与宣传词中，我们不难发现，定位的陈述对象是对内的，它使公司内部观点达成一致，并以此为基础来构建商业模式；而宣传词具有不同的目的，它是面对外部的，但表述的意思与定位陈述一致。

值得注意的一点是，上述给出的定位工具并不是一成不变的套用格式。在具体应用中，我们可以变换不同的格式进行描述，但在描述中要明确给出我们所说的三个关键因素的答案。

定位与产品的交互升级

经常有人会问，产品和定位，哪一个应该优先考虑？其实这个问题没有

标准答案。你不可能在知道做什么产品之前就做好定位，再根据定位规划产品；反之亦然。定位和产品没有绝对的先后之分，通常情况下，二者是并行规划、不断互相修正和影响完成企业升级。

在企业完成定位后，就需要根据定位的原则，不断地以客户为中心进行产品的优化和打磨，给客户创造更高的独特价值主张，形成品牌在客户心智中的位置，并且有效引起客户的反向心智关联触动产品的购买行为。

定位应用于企业内部，在规范企业战略方向时使用，而不是直接将定位描述作为口号用于市场宣传，但是可以基于定位内容，针对其锁定的目标客户群体，将价值主张转化为客户更容易接受的市场化语言进行对外传递。

在针对定位成果的应用方面，简单粗暴地将其直接应用到广告投放中是一种不太稳妥的市场行为。有经验的企业，往往是在对产品的品牌已经形成心智关联后，才会通过广告投放去扩大品牌的效能。单纯的广告投放造就的是知名商标，而品牌是要靠产品的独特价值主张形成了品牌在客户心智中的占领。

> **思考与练习**
>
> 1. 你的产品属于什么细分品类？是否还可以再进行细分？
> 2. 站在客户的视角，你的竞品是什么？
> 3. 请通过本书提供的定位工具，将本企业的产品进行定位描述。

第 11 章

平稳升级：零风险产品打造的核心秘籍

数据说话：产品能量评估五大公式

我们在本书的第 1 章对于大产品给出了详细的定义，而核心业务资产中的核心产品必须具备以下三个特征：**高需求等级**（刚需或者痛点）、**高使用频率、高性价比**。

对于上述的三个特征，可以在产品试验阶段，使用如图 11-1 所示的五个公式对其进行综合评估，以便进行产品改进。

图 11-1　产品能量评估五大公式

下单率

下单率特指当我们接触到潜在客户群体以后，潜在客户转化为正式客户的比率。在这里，我们特指在特定场景中客户下单的比率和速度，用以验证渠道通路中场景选择是否最优，以及对客户痛点的挖掘是否准确。

使用率

使用率特指用户购买产品后，实际使用的次数与预期次数之间的比率。其主要用于判断客户对产品质量的满意度，以及客户黏性。在实际应用中，可采取产品创新中讲到的数据获取方法进行研究判断，如果使用率无法达到预期，也可在核心产品前置一个更高频的流量型产品为其导流。

复购率

复购率是指老客户重复购买产品的下单比率。此指标用于评估客户对品牌的信任度（满意度）和产品的黏性能力，以及商业模式中对于"客户关系"的设计能力。

转介率

一个好的产品不仅要有极高的接受度，还要有极强的传播力，可以用以验证客户群体的精准度和核心需求是否准确，以及营销传播手段是否有效。

单元能量计算

单元能量计算特指对单一产品的成本、利润在测试期进行封装测算。在此要特别指出的是，不同类型的产品测算方式略有区别，例如，门店类的测算要考虑不同城市及地段的因素进行独立封装；实物类产品的销售要计算获客成本、客单营业额及利润。对产品的单元能量计算的目的是校验产品的单元化封装能力，而这也是在业务规模放量的时候做到可控最重要的依据。

快速迭代，不断提升价值输出

快速迭代是在互联网企业中普遍存在的一种研发方法，其原理是在有效时间周期内，通过快速版本升级的方式，加快产品更新的频次，并将每次版本升级中获得的新经验迅速体现在下一个版本中，从而大幅度提升产品的质量和价值输出。

在讲到快速迭代的时候，一定要引入 PDCA 循环，每一次迭代过程都是在进行一次 PDCA 循环过程。PDCA 循环是美国质量管理专家休哈特（Shewhart）博士提出的，后由爱德华兹·戴明（Edwards Deming）采纳普及，所以又称戴明环（见图 11-2）。

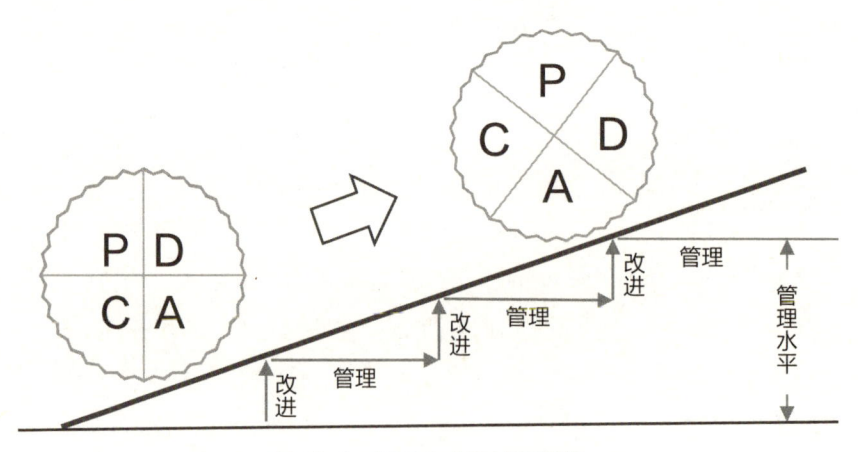

图 11-2　PDCA 方法过程图解

P——Plan（计划）

包括方针和目标的确定，以及活动规划的制订。

D——Do（执行）

根据已知的信息，设计具体的方法、方案和计划布局；再根据设计和布局，进行具体运作，实现计划中的内容。

C——Check（检查）

总结执行计划的结果，分清哪些对了，哪些错了，明确效果，找出问题。

A——Action（处理）

对总结检查的结果进行处理，对成功的经验加以肯定，并予以标准化；对于失败的教训也要总结，引起重视；对于没有解决的问题，应提交到下一个 PDCA 循环中去解决。

每一件事情，通常我们会先做计划（P），计划完了去执行（D），实施的过程中进行检查（C），检查执行结果是否达到了预期，分析影响的因素、出现问题的原因，并提出解决的措施，然后再把检查的结果进行改进、实施、改善（A）。

以上四个步骤不是运行一次就结束，而是一个循环结束后，未解决的问题进入下一个循环，这样把一个个没有改善的问题放到下一个循环中去，就形成一个又一个的 PDCA 循环。

MVP 最轻量级可行性产品测试

MVP（Minimum Viable Product）特指企业使用最轻量级的可行性产品进行早期测试的一种方法。最早的 MVP 概念由埃里克·莱斯（Eric Ries）在《精益创业：新创企业的成长思维》(*The Lean Startup*) 一书中提出。简单地说，就是指开发团队通过提供最轻量级的可行性产品获取客户反馈，并在这个最轻量级的可行性产品上持续快速迭代，直到产品达到一个相对稳定的阶段。

MVP 理论早期主要针对创业团队，而现在广泛应用在二次创业及实体经济企业的转型升级中。其重要的作用是使用最小的财务成本和最短的时间，对产品进行快速验证和试错。我们在尝试一个全新的产品或者对原有产品进行创新设计时，可以采用 MVP 理论进行产品的打磨，其中产品可以是有形的商品、无形的服务，甚至是一个组织或者理念。

企业在打磨产品的过程中，应该用最低的消耗跑出最快的速度和最正确的方向，因此在使用 MVP 理论进行产品打磨时，要做好两个基础环节的准备：（1）有数据可取；（2）测试过程可控。企业使用 MVP 理论打磨产品的过程如图 11-3 所示。

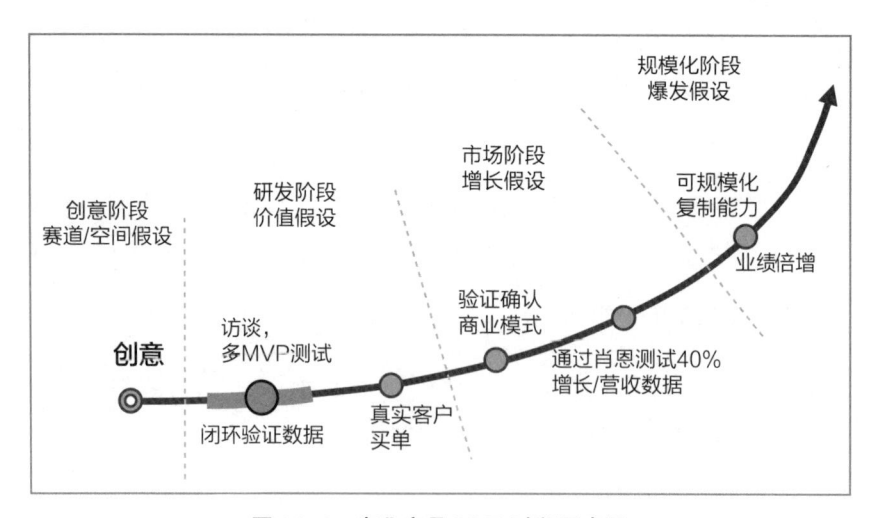

图 11-3 商业产品 MVP 过程示意图

基于长期产品实践的经验，我们将 MVP 理论拓展到了产品的生命周期全过程，并非只在产品初期使用。整个产品的 MVP 过程需要做五个闭环测试，如图 11-4 所示。

图 11-4　产品 MVP 五个闭环测试

其中前三个闭环主要是用来验证产品的商业化能力，后两个闭环主要用来验证产品的爆发力度。

接下来我们对五个闭环进行逐一详细介绍。

逻辑闭环

逻辑闭环一般用于产品研发的初期，产品团队应系统化地对客户定位及需求进行反复推演，并由此确定客群画像，继而针对核心需求进行功能规划。在这一阶段要确定规划内容和客户画像清晰，商业逻辑清晰，需求点符合痛点挖掘方法并聚焦。

在实际的工作中，很多企业在启动新产品的时候并没有在客户细分上做好规划。客户的不精准又导致需求的不聚焦，从而造成产品对客户的价值贡献小，从一开始就失去了做好产品的基础。

产品逻辑闭环的梳理流程如图 11-5 所示。第一步，要细分客户群体，做出客户画像，并挖掘出其最核心的痛点需求是什么；第二步，定义产品目标，弄清企业的产品到底能给客户带来什么价值，以及客户为什么要选择我们；第三步，列出产品的对应功能及客户体验流程；第四步，根据对潜在客户的访谈，找到每个流程接触点上可能出现的问题；第五步，解决问题并优化流程、改进服务，再次确认商业及业务逻辑是否清晰、可靠。

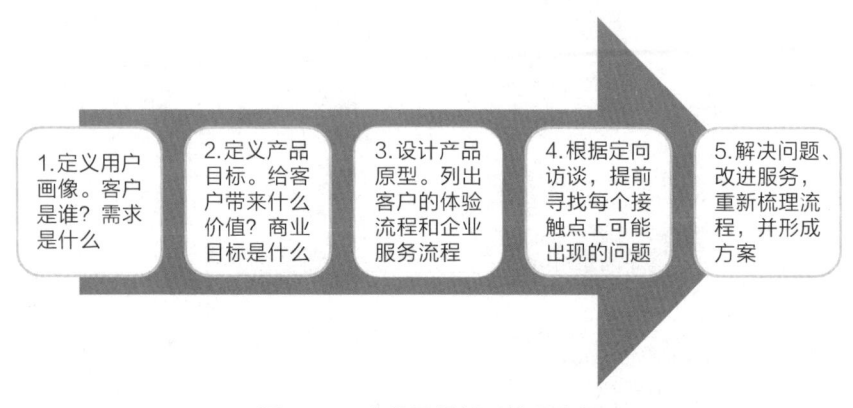

1. 定义用户画像。客户是谁？需求是什么
2. 定义产品目标。给客户带来什么价值？商业目标是什么
3. 设计产品原型。列出客户的体验流程和企业服务流程
4. 根据定向访谈，提问寻找每个接触点上可能出现的问题
5. 解决问题、改进服务，重新梳理流程，并形成方案

图 11-5　产品逻辑闭环梳理流程

场景闭环

场景闭环测试的目标是寻找一个可以使用最低成本，且可大规模复制的获客场景。场景闭环也是商业模式设计中渠道通路的具体实践。

在场景闭环的测试中，我们更多的是要唤醒潜在客户的需求，寻找一个流量入口。下面我们使用一家月嫂初创公司的案例来介绍场景闭环。

在传统的获客途径设计中，大多数企业会直接联想到月嫂公司的获客途径分布于下面的场景：妇产医院、妇幼保健院、胎教中心、婴幼儿用品商店、网上准妈妈社区等。而按照场景测试的原则，我们需要找到的是使用最低的成本，获得可规模化复制的获客场景，那么上述的场景就不匹配了。

首先，我们使用前面产品创新中的客户画像工具，对月嫂公司的精准客户画像进行详细的描绘。客户生活在北京，月嫂服务目前在北京的市场标准收费大约为 12 000~18 000 元，目标客户的家庭月收入一般会大于这个费用，客户多为白领或者企业主。大多数客户没有生孩子的经验，需要找一个月嫂协助其度过月子期。综合各种情况，我们绘制出了月嫂公司的客户画像工具如表 11–1 所示。

表 11–1　　　　　　　　月嫂公司客户画像工具

1	基础标签	客户是谁？ 女人，25~40 岁，白领，北京，孕中期或孕晚期
2	渠道标签	客户在哪里？ 妇产医院和妇幼保健院；胎教中心；婴幼儿用品中心；公园；准妈妈社群；摄影工作室；写字楼
3	情感标签	客户在决策时的情感动机是什么？ 不具备育儿经验，对宝宝的降生充满了期待和小小的内心恐慌。希望能将一切准备妥当、完美
4	需求标签	客户的需求是什么？ 身边没人照顾月子，对孩子出生后的护理专业度很重视
5	能力标签	客户的消费能力如何？ 家庭月收入 20 000～40 000 元，学习适应能力强

在客户画像中，我们排除掉渠道标签中成本较高的获客场景，发现写字楼符合我们的预期，且竞争相对较少，如表 11–2 所示。在聚焦到写字楼场景之后，再来对客户与具体的场景进行场景应用分析。孕妇在怀孕以后会对饮食有比较严格的要求，对食品的健康度需求上升，因此很多孕妇会选择大型写字楼下面的餐厅就餐，而这家高端写字楼下的餐厅的低成本获客场景就形成了。我们再来看另外一个条件，在北京、上海等一线城市，有配套餐厅的高端写字楼的数量是可以统计出来的。结合上述两个条件，此获客渠道符合场景闭环的目标：使用比较低的成本，可大规模复制的获客场景。

表 11-2　　　　　　月嫂公司 MVP 渠道场景闭环分析

编号	渠道名称	优劣势分析
1	妇产医院	精准，客户数量大，可复制，合作成本高
2	胎教中心	精准，客户数量大，可复制，合作成本高
3	婴幼儿用品中心	精准，可复制，合作效率低
4	公园	不精准，可复制，合作效率低
5	准妈妈线上社群	精准，客户数量大，可复制，合作成本高
6	孕妈妈摄影工作室	精准，可复制，客户数量小
7	写字楼	精准，客户数量大，可复制，合作成本低

通过上述的案例，我们也同时得出了另外一个结论，商业模式中的渠道通路不是越多越好，而是经过仔细研究后，将某一个渠道打透形成垄断格局，营销成本就会大幅度降低。

订单闭环

订单闭环的目的是测试产品的商业化可行性和不同渠道批量获得订单的能力，用于进行渠道经营模型估算。

商业化可行性测试

产品的商业化可行性测试，其目的是测试产品是否具有商业价值，当产品解决了客户的核心需求后，客户是否会为此买单。另外可以同时测算客单价及产品的利润情况。

在商业化可行性测试中，企业重点验证对方是否会下单，因此可使用预付折扣的方式进行检验。举例来说，在企业新产品的预计利润为 1000 元的情况下，如果现在下 100 元的预订单，则此预订单可以在产品两个月后上市时抵扣 1000 元的售价。这个测试可以用来验证产品核心需求的真伪度以及有无商业价值，在不断地修正折扣值的过程中，测试产品的需求迫切度及商业化变现及溢价能力。最后，根据上述结果对产品的逻辑设计进行快速迭代升级。

批量订单获取能力

产品的批量订单获取能力测试，可以采用预订、注册+押金和试用+后付费等模式来测试不同获客渠道下获取3~6个月批量化订单的能力。测试要针对不同的城市和场景分别进行安排，用以验证哪些获客入口的效率最高，成本及利润要分别计算出来。验证周期至少一周，以便能获得完整、客观的数据用于决策。

营销闭环

营销闭环测试主要是指规模化的营销，产品能否出现爆炸性增长。也就是我们说的通过什么样的模式和方法能够让一个产品获得足够多的宣传，那我们就在这点上主要围绕客户的痛点和体验来进行。我们知道好的产品是自带流量的，当你能够找到一种能让产品快速带入的方式，则可能会带来营销上的一次大的爆炸性增长，而这部分在后面介绍产品营销的相关章节时会具体讲到。

业务单元闭环

业务单元闭环主要强调的是核心业务的单元化封装能力。一个好的产品在通过资本助力进行市场扩充前，必须提前完成产品的标准化，这样才能在融资后，使用资本进行直接市场助力，而并非仍然依靠资源扩张。换一个角度来说，即使不考虑融资，核心业务的单元化封装能力也是我们进行业务规模化放量、快速占领市场的关键决定因素。

核心业务的单元化封装，特指售前、售中、售后的业务闭环的标准化。因此，在测试时，需要计算拿下一个业务单元需要使用多少精力和什么样的资源，需要付出多少成本，需要什么样的帮助，每个单元有多少收益。

通过对上述单元数据的分析找到单元业务复制的规律，将产品进行标准化及单元化。企业在发展中期可控的情况下，可以通过大量资金驱动快速拓展业务，占领市场。

> **思考与练习**
>
> 1. 大产品必须具备的三个特征是什么？使用哪五个公式对其进行评估？
> 2. 请写下你所在企业大产品是否符合上述的三个特征？如何进行产品改造？按照实际情况，将五个公式所需要的数据列出来。
> 3. 为什么要进行快速迭代？这个方法能发挥重要作用的原因是什么？
> 4. PDCA 的定义是什么？请按照自己的实际工作，进行一次 PDCA 训练，并进行回顾总结。
> 5. MVP 的定义是什么？最重要的两个要素是什么？
> 6. MVP 的五个闭环有哪些？请按照本书中介绍的闭环测试方法，对创新后的产品进行测试计划编写。

第四部分 战略篇

创新型企业顶层设计

"不谋万世者，不足谋一时；不谋全局者，不足谋一域。"这句话出自《孙子兵法》，所谓商场如战场，战场谋划要"谋全局"，企业经营亦是如此。"顶层设计"一词相信大家都不陌生，这个词汇其实是在中共中央关于"十二五"规划的建议中首次提出的，而后才进入经营管理领域被大家所熟知并使用。顶层设计是一个工程学概念，本义是统筹考虑项目各层次和各要素，追根溯源，统揽全局，在最高层次上寻求问题的解决之道。

企业顶层设计目前公认的定义是"用科学和系统的方法论对企业未来五至十年的发展进行全面的和系统的规划。即从企业宏观战略的角度对发展环境、经营理念、组织架构、经营目标、业务流程、产品服务、营销方法、盈利进行全面和系统的规划设计，从而有效地指导与推进企业各项工作"。在本书中，我们将以上顶层设计的要素归纳为：企业的愿景、使命、战略定位、商业模式设计、战略管理以及组织配称的全面规划与设计。对于成长型传统企业的转型升级，企业的战略定位以及经营理念已然是成熟完善的，所以我们将重点放在创新型商业模式的设计以及保障商业模式持续运营的战略管理与组织资源保障规划上。

第12章
产品驱动的创新商业模式设计

在明确了产品定位的基础上,我们接下来学习基于产品驱动下的商业模式该如何设计?彼得·德鲁克说过,"未来企业之争是商业模式之争",企业发展已经从早期的要素驱动,进而转向资本驱动,目前则进入商业模式驱动的时期。在进行产品创新后,企业必须基于产品进行商业模式的规划,那么到底什么是商业模式?

商业模式的定义

商业模式是指为实现客户价值最大化,把能使企业运行的内外各要素整合起来,形成一个完整的、高效率的、具有独特核心竞争力的运行系统,并通过最优实现形式满足客户需求、实现客户价值,同时使系统达成持续盈利目标的整体解决方案。

企业的经营行为就是投入和产出的过程,而企业在不同的发展阶段,在不同的经营状况下,把企业已经拥有或能够拥有的资源组织起来,实现最佳的产出(或价值创造),这种组织方式就是商业模式。

在进行商业模式设计前,要能够区分以下三个很容易混淆的概念:业务模式、商业模式和盈利模式。

» 业务模式。通常指的是在操作层面上的业务流程设计。
» 商业模式。商业模式和商业模式设计指的是在公司战略层面上对商业逻辑的定义。

» 盈利模式。也可以视为商业模式中的"收入来源",特指企业实现收入的模式与构成,相对商业模式较为简单。

世界上没有任何两家企业的商业模式完全相同,因此商业模式不能抄袭,只可以参考。而大企业、大品牌与中小企业之间在经营本质上存在着巨大差距,其表现在品牌、资金和融资能力、技术能力、人才资源以及市场控制力等方面,甚至是全方位的明显差距。因此,中小成长型企业可以使用下面讲到的创新型商业模式设计方法与工具。

商业模式设计的三个步骤

总体来说,商业模式的设计方法可分为以下三个步骤。

找到客户痛点

痛点就是商机,痛点有多大,商机就有多大。商业模式设计最根本的切入点是客户的痛点,而不是怎么赚钱、能否上市等。客户的痛点也可以理解为行业的痛点和社会的痛点。

提出价值主张

根据自身的情况决定聚焦什么痛点,然后面向社会提出自己的承诺。

定位也好,品牌也好,都不离开清晰的价值主张。什么是品牌?品牌就是承诺,就是承诺我能解决什么问题。

提供解决方案

将价值主张、客户细分、渠道通路、客户关系、关键业务、核心资源、重要合作、成本结构、收入来源等进行逐一设计,并形成一个完整的方案,如图 12-1 所示。

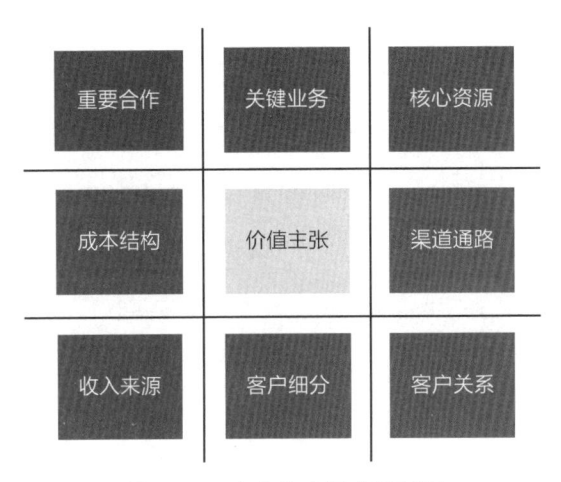

重要合作	关键业务	核心资源
成本结构	价值主张	渠道通路
收入来源	客户细分	客户关系

图 12-1　商业模式组成示意图

当今商业社会强调合作共赢的商业模式,在进行上述的三个设计步骤前,我们必须提前对以下三个问题进行思考:

» 谁是你的利益相关者?
» 有什么价值可以与相关者交换?
» 怎么设计共赢的交易结构?

商业模式的九个关键模块

接下来我们就对商业模式中的九个组成模块进行逐一阐述。

价值主张

在商业模式中最核心的部分就是价值主张。价值主张特指企业能为客户、消费者、用户提供帮其创造价值的产品是什么,产品给客户提供了什么样的价值,当企业为客户提供的价值越大,企业所得到的经济回报也就越多。伴随着价值主张的提出,企业往往会有针对性地提出相应的承诺,用以强化价值主张的真实性。

在价值主张的设计中,要注意品类定位和客户群体的精准性。只有准确定位了产品的品类和目标客户群体后,价值主张才能有针对性地进行设计。

拿曾经风靡一时的脑白金来说。如果你利用刚才所谈到的定位工具来进行分析的话,你认为脑白金这个产品属于哪个品类?它的目标客户群体是谁?很多人在第一时间会说脑白金是保健品,客户自然是中老年人。事实上真的如此吗?这时我们梳理一下脑白金推广期的印象,才意识到脑白金属于礼品类,而它的客群是那些买脑白金送给老年人的年轻人。

同样一个核心产品,由于品类定位的不同,客户群体不同,导致其提供的价值主张截然不同。如果将脑白金定义在健康品,则其价值主张就是能够不断实现老年人的年轻态;而如果将其定义在礼品类,其客户群体就是买脑白金送礼的人,那么脑白金的价值主张就是让送礼的人更有面子。

在 2001—2005 年期间,脑白金在节假日前的电视广告方面投入重金,使脑白金成为一个家喻户晓的知名商标;在定价方面,脑白金采用全国统一零售价格,让脑白金的礼品价值变得可衡量。上述的一系列举措,都是为了实现针对目标客户的价值主张所采用的业务动作。

表 12-1　　　　脑白金不同品类下的价值主张差异化对比

品类	客群	价值主张	产品与营销策略
保健品	中老年人	年轻态、健康	专注保健品的功效与研发
礼品	孝敬爸妈的年轻人	送礼有面子	广告、定价策略

通过上述案例我们可以得出结论，在设计价值主张之前必须明确产品的品类以及目标客户群体。

客户细分

客户细分是商业模式的基础单元。客户细分描述了一家企业想要获得和期望服务不同的目标人群或者机构。在这部分中，要明确定义产品的目标客户包括谁。

客户细分部分可以直接使用前面产品创新方法中的客户画像工具进行提炼，但在不同类型的产品中，需要进行二次细化。

具体来看，有些针对消费者的终端产品的购买者和使用者合为一体；有些产品则是购买者与使用者分离。企业产品则要复杂一些，需要按照角色的划分，将企业客户的内部角色分开进行描述，这些角色包括：使用者、影响者、推荐者、购买者和决策者。对于这种客户的细分角色，可以使用客户画像工具进行详细描述，以便在后期针对不同的角色在产品中设计不同的价值主张，从而实现商业模式中的核心价值主张。

表 12-2　　　　　　　　　　产品与客户的对应关系

产品类型	客户	角色	客户画像	价值主张
ToC 产品	终端客户	购买者 = 使用者		
		购买者		
		使用者		
ToB 产品	企业客户	购买者		
		使用者		
		影响者		
		推荐者		
		决策者		

在表12-2中，企业产品面对的客户角色情况相对较为复杂，需要根据不同类型的企业产品，有针对性地采取不同的产品推广及营销策略。

对于专业性较强的企业产品，用户角色起到非常重要的作用，因此在企业客户中，用户角色和决策者角色是需要详细分析的对象。例如，财务软件系统则要针对财务总监及企业总经理进行产品的价值提升。

对于通用性比较强的普通办公类产品，则购买者角色就变得非常重要了，购买者角色和决策者角色是需要详细分析的对象。例如，日常使用的办公打印机，行政采购总监和企业总经理往往是两个关键角色。而对于更加低价的耗材，例如打印纸、桶装水等，行政采购经理就能直接做出决定。

我们在做企业产品的规划时，可以使用和终端产品一致的方法。因为企业产品中的"企业"二字是分类概念，而在企业内部实施产品采购的角色执行者仍然是自然人。因此，对于作为角色执行者——人的客户画像分析就变得尤为重要。

渠道通路

渠道通路是指企业使用什么样的途径或者渠道向目标客户群体达成沟通并且建立联系，以向对方传递产品的价值主张。

渠道常见的类型分为直接渠道和间接渠道两种。

» 直接渠道。企业通过某些营销场景直接接触客户，并且实现产品对消费者的价值主张传递。常见的营销场景有销售人员上门推销；使用互联网平台进行营销；使用线下的门店进行销售和服务。

» 间接渠道。企业通过与代理商、经销商或者批发商合作，通过合作伙伴的渠道将产品向终端客户销售。除传统的分销模式以外，也可以使用特许经营模式，授权合作伙伴共同拓展市场。

很多企业在渠道的选择上采取的是直接渠道与间接渠道的组合方式。到底使用哪种方式，需要针对目标客户的画像进行认真分析。在前面讲到的客户画像工具中，渠道标签就很清楚地标明了客户的接触点，对于直接渠道具有巨大的作用。

任何一种产品的销售在不同的场景下获得的营销效率都存在差异。因此，针对客户画像中的渠道标签，有针对性地将其中最优的场景选择出来，可以帮助我们使用最小的成本，获得足够多可被规模化拓展的客户。

不管采用何种渠道进行营销，价值主张的宣传都可以根据数字化时代的特点进行创新型的立体规划。在规划中，要注重知识产权的保护及品牌的打造。例如，我们可以使用互联网平台不断地针对目标客户群体进行产品知名度构建及品牌价值的打造，既可以采用官方途径发布，也可以选择第三方平台进行点评式塑造。

总之，在渠道通路模块中，要设计一个立体的、良好的渠道及售前氛围，以便能最好地向目标客户群体宣传价值主张。

客户关系

客户关系模块特指企业所希望建立的针对客户群体关系类型。简单来说，如果渠道通路模块指的是售前和售中，那么客户关系模块关注的就是售后部分。在此模块中，我们需要定义出企业需要与客户保持什么样的关系才能使客户一直留存。

驱动企业进行客户关系维护的主要动机有以下三个方面：

» 维护老客户关系，提升客户忠诚度，增加复购率；
» 引起良性口碑传播，促进转介绍，开发新客户；
» 促进企业组织变革及产品创新。

针对上面的三个动机，企业可以根据实际情况，针对不同类型的客户，使用不同的关系维护方式。常见的关系维护方式如下。

- » **人工维护**。传统的客户关系维护方式，可采用线下答谢会、讲座、沙龙、一对一等服务形式。
- » **自助式维护**。完成产品服务的数字化改造，通过互联网或者自助终端完成客户的后续服务。
- » **协作共建式维护**。开放部分产品流程节点，让客户参与到产品的研发、应用共建中，与客户形成良性互动的生态环境，提高客户黏性和品牌美誉度。

在客户关系模块中，我们要强调前面在产品定义中的一个观点："产品是连接企业和客户的唯一纽带。"但是大多数企业并没有通过产品实现这一纽带作用。我们强调将上述三种客户关系维护的方式有机地融合到产品中，形成独特的客户关系体系，从而营造一个超级客户体验氛围，让客户保留在企业的商业模式运营体系中，自然会产生客户对品牌的忠诚度、客户转介绍和对产品的二次购买。

关键业务

关键业务是保障商业模式正常运营最重要的事情，企业需要做什么样的关键业务才能够支撑整个商业的运作。区别于传统对于关键业务的定义，我们强调关键业务是可供企业获得规模化数量客户的口碑型产品。从另外一个视角来看，离开了这个产品，企业的商业模式就无法持续运营。

伴随着互联网发展的 20 多年，传统的商业模式也在不断进行创新。近些年快速成长的独角兽企业普遍非常重视对关键业务的规划。比如滴滴、京东、三只松鼠、小米等都有自己的关键产品。这些企业通过关键业务来实现对精准客户群体的价值承诺，而关键业务解决客户问题所带来的口碑，牢牢锁住了客户群体，不断强化客户心智对企业品牌的认知关联，从而在后期购买企业在相关品类中的其他利润型产品。

因此，我们对关键业务的要求不同于普通的产品，关键业务必须具备如下两个重要的使命：

» 可持续获得足够多的目标客户；
» 突出的核心卖点可产生强口碑传播，能以此长期黏住老客户和获得新客户，并引起客户对品牌的心智关联。

除此之外，关键业务在业务层面还应该符合高频、高性价比的特点。在商业模式的设计中，可以将关键业务和收入来源（盈利模式）中的利润型产品进行产品矩阵规划。为了能够让关键业务支撑起整个商业模式，还可以为关键业务提供前置的导流产品。

表12-3是对目前常见的一些独角兽企业关键产品的介绍。

表 12-3　　　　典型高成长型企业大产品

编号	企业	关键业务	利润型产品
1	滴滴	打车软件	汽车金融
			汽车团购
			汽油团购
			汽车快修
2	京东	3C 商品 + 自有物流	全品类商品
3	奇虎360	360 安全卫士	360 杀毒
			360 浏览器
			360 手机助手
			360 安全手表

续前表

编号	企业	关键业务	利润型产品
4	美团	美食外卖	酒店预订 演出票
5	三只松鼠	坚果类商品	全品类零食
6	腾讯	微信聊天工具	微信支付 广告 小程序（企业应用及游戏）

核心资源

核心资源是保证一个商业模式运行所需要的最重要的资产。在这里，企业需要定义拥有什么样的资源，才能够保证所有的事情顺利进行。这些重要资源包括企业的实体资源、知识资源、人才资源、金融资源，甚至有一些渠道资源都可以是企业的核心资源。关于这些核心资源的介绍如下所示。

» **实体资源。**土地、厂房、设备等所有的实物统称为实物资源。

» **知识资源。**包括品牌、商誉、专利、商标等一系列资源，也包含在技术及营销、经营上的经验。

» **人才资源。**特指核心的优秀团队。满足人才资源的前置条件是个体在团队中无法被替代，且拥有专项能力和发挥独特作用。

» **金融资源。**主要是指现金、银行授信、内部股票期权池等。

核心资源强调与关键业务的相关支撑性，如果某项资源并不能对关键业务起到作用，那么就不能作为核心资源使用。同样推理的话，企业也可以根据核心资源的情况，有选择地进行关键业务的选择与创新。

举个例子，为什么华为公司能够快速地在手机领域破冰并获得市场的成功？源自华为公司用了将近 20 年的时间在通信领域中，并在基础通信技术、芯片设计与生产、软件研发领域的知识资源、人才资源、实体资源及金融资源的沉淀（见图12-2）。因此，华为公司在从企业市场走向终端市场，对智能手机行业实施降维打击的时候，就显得非常得心应手。同时，快速学习能力也是华为公司成功的重要核心资源。

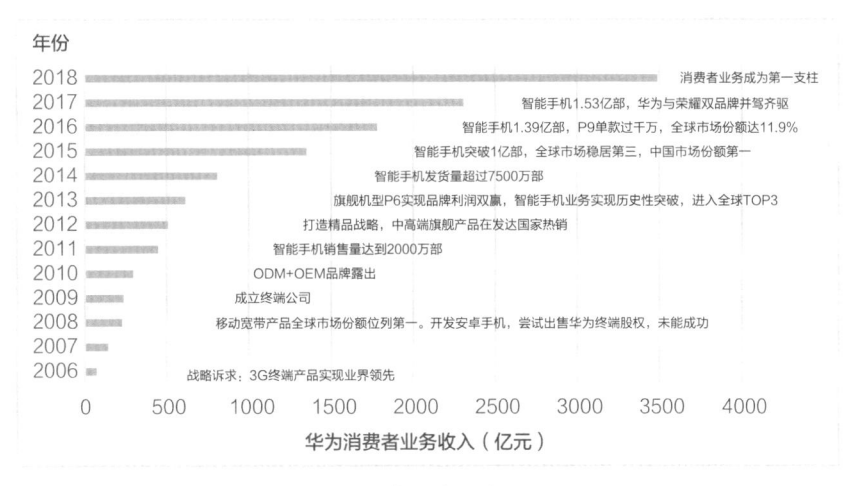

年份	事件
2018	消费者业务成为第一支柱
2017	智能手机1.53亿部，华为与荣耀双品牌并驾齐驱
2016	智能手机1.39亿部，P9单款过千万，全球市场份额达11.9%
2015	智能手机突破1亿部，全球市场稳居第三，中国市场份额第一
2014	智能手机发货量超过7500万部
2013	旗舰机型P6实现品牌利润双赢，智能手机业务实现历史性突破，进入全球TOP3
2012	打造精品战略，中高端旗舰产品在发达国家热销
2011	智能手机销售量达到2000万部
2010	ODM+OEM品牌露出
2009	成立终端公司
2008	移动宽带产品全球市场份额位列第一。开发安卓手机，尝试出售华为终端股权，未能成功
2007	
2006	战略诉求：3G终端产品实现业界领先

华为消费者业务收入（亿元）

图12-2 华为产品发展历程

而腾讯公司的关键业务"微信"的成功，则源自之前20多年做即时通信软件的知识经验以及QQ产品积累下的弱关系人群资源。微信上线后，成功利用QQ中的好友导入及手机通讯录中联系人的导入，获得了一个弱关系和强关系的通讯录集合，让所有你在生活和工作中要联系的人都可以通过微信进行文字沟通，从而造就了今天的一个大平台产品。

后来的很多软件厂商错误地认为微信的成功源于技术和用户体验的领先，于是在通信能力、功能和易用性上不断重金投入，但最终失败而归。究其原因，恰恰是忽略了在通信产品中最重要的不是你喜欢用什么，而是你要沟通的对象是否也拥有同样的工具，而腾讯则拥有用户这个核心资源，如图12-3所示。

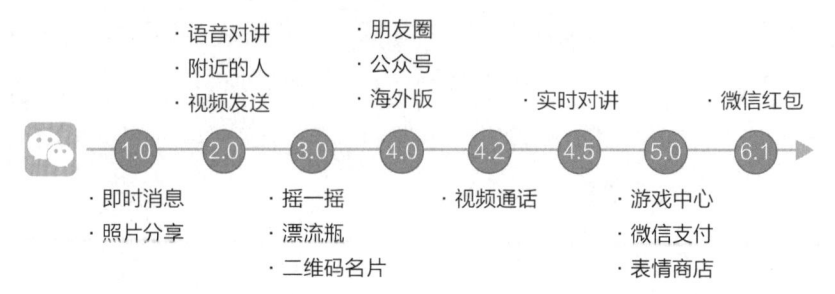

```
·语音对讲    ·朋友圈
·附近的人    ·公众号
·视频发送    ·海外版         ·实时对讲        ·微信红包

  1.0    2.0    3.0    4.0    4.2    4.5    5.0    6.1

·即时消息    ·摇一摇      ·视频通话       ·游戏中心
·照片分享    ·漂流瓶                      ·微信支付
             ·二维码名片                   ·表情商店
```

图 12-3 腾讯公司微信产品核心资源

上面案例中的企业拥有独特的核心资源，所以才造就了商业模式上的成功。不同企业在核心资源上的差异性带来了这样一个事实：世界上不存在拥有完全相同商业模式的两家企业。因此在商业模式设计中，其他企业的商业模式只能被用来参考，而不能盲目复制。

重要合作

重要合作是保障一个商业模式运行所需要的外部合作伙伴网络。在这个模块中，我们需要定义外部的重要合作伙伴是谁，以及如何进行合作。通常情况下，企业应该至少拥有两到三家的重要合作伙伴。

一家企业不可能拥有商业模式中所需的全部资源，自然也就无法独立完成商业模式中的每一项工作。比如某类特定专业技术，就需要引入外部合作来完成企业的核心产品。

为了达到商业模式的可持续运行，如何与合作伙伴进行价值交换？交换哪些价值？如何保持双赢的格局？都需要企业在这个模块中进行认真设计。在未来的商业化领域，会更加强调企业的合作能力。这就要求企业必须和产业上下游企业保持良好的合作关系，甚至是通过与竞争对手的联盟合作，共同创造更大的商业价值。

成本结构

成本结构是指一个商业模式在正常运行的情况下发生的全部成本总和。成本结构组成包含了固定成本、可变成本、规模成本和范围成本。如何通过产品创新有效降低成本的投入，或者在成本不变的情况下大幅提升客户价值，是商业模式设计中的重要工作。

企业在经营过程中不断地对投入和产出进行调整，达到最小化的成本投入和最大化的价值产出。在前面的产品创新中，我们在通过产品数字化和业务管理数字化的方式不断提升客户价值的同时，大幅度提高内部流程的自动化能力，有效降低固定成本和可变成本，其目的就是为了改善成本结构，让企业的商业模式更加良性。

收入来源

收入来源特指如何从客户那里获得收入，以维持商业模式可持续发展。收入来源是盈利模式的一个精简版本，在这个模块中，企业需要定义出收入来源主要包括哪些，这些收入由哪些产品产生，这些产品针对的是哪个客户群体。

我们在前面谈到，企业通过关键业务来获取目标客户，而在收入来源中就可以定义在同一个客户群体下，相对应的利润型产品所带来的收入。

企业在进行商业模式设计时，不能割裂地对企业中的产品进行单独定义，而应该根据产品矩阵综合对产品进行定义，如图12-4所示。我们能看到，很多最近快速成长的独角兽企业，其关键业务大都处于亏损状态，而仍然能够得到资本追捧的原因在于，其后期的盈利模式的想象空间巨大。

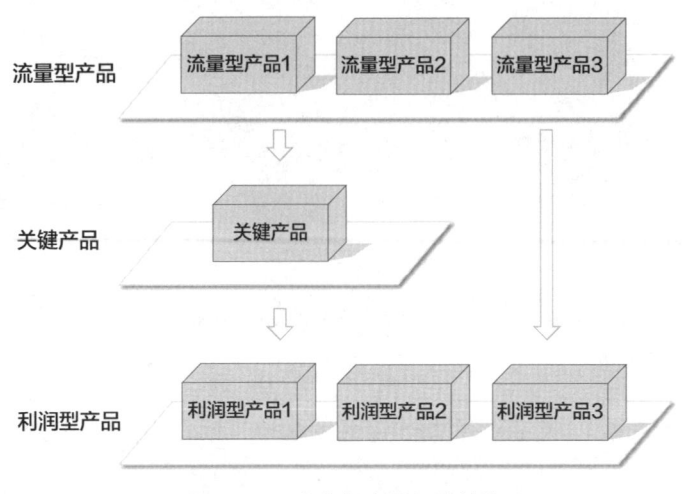

```
流量型产品       [流量型产品1] [流量型产品2] [流量型产品3]

关键产品         [关键产品]

利润型产品       [利润型产品1] [利润型产品2] [利润型产品3]
```

图 12-4　企业级产品矩阵结构

在商业模式中可以针对产品矩阵进行整体设计，关键业务在投入产出基本持平或者略为亏损的情况下，通过成本结构的调整，获得大规模的客户群体。在到达一定规模时，由同一客户群体进行更多的利润型产品获取收益。

例如前面谈到的滴滴出行。使用滴滴打车这个系统软件，牢牢锁住了出租车司机和滴滴专车司机以及打车的消费者群体后，再针对这些客群进行利润型产品的规划来增加利润收入。这些利润型产品包含了针对出租车司机的运营车辆团购、购车的金融产品、运营车辆保养的快修服务、汽车专用保险、加油优惠的团购，以及针对消费者的其他出行产品及广告产品。

商业模式设计的原则及工具

通过以上九个关键模块的逐一分析，企业可搭建自己的商业模式。然而，时代在变化，一家企业的商业模式也不会一成不变，所以在设计自家企业商业模式的时候，我们要遵循一定的原则，才能根据环境的变化适时调整自己的商业模式，以适应时代的发展，如图 12-5 所示。

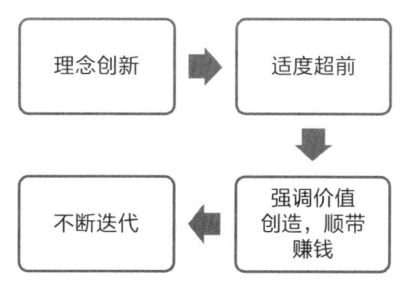

图 12-5　商业模式设计的四个原则

- » **理念创新**。在设计商业模式的时候首先要跳出来,特别是很多传统制造业的企业家朋友,长期处在自己固化的行业和圈子里。如果老板不能跳出来,理念就很难创新,商业模式也就很难突破。
- » **适度超前**。理念创新要有一定的超前性,但是过度超前就会导致失败。我们在设计商业模式的时候,不能过于理想化,要结合行业趋势与自身资源优势,适度创新。
- » **强调价值创造,顺带赚钱**。商业模式设计的原点不是为了有更高的行业利润,而要先把盈利模式放到后面,放在最前面的是用户痛点,是我们能帮用户和社会解决什么问题,能提供什么样的用户体验,设计什么样的交易结构,最后才是盈利模式的问题。

　　太过急功近利,把赚钱放到首要的位置,这类商业模式在部分资本市场或许短期行得通,但是最终市场并不买单,因为没有真正解决用户的痛点。
- » **不断迭代**。商业模式没有一成不变、一劳永逸的,任何商业模式都是阶段性的,要不断迭代、持续创新,不然就会出局。商业模式不是一下子就设计出来的,很多都是在过程中不断完善、进化迭代、微创新、逐步成熟的。

任何一个商业模式都是一个由客户价值、企业资源和能力、盈利方式构成的三维立体模式。在完成了对商业模式九个组成模块的学习之后,我们可以通过下面的商业模式画布，对企业的商业模式进行梳理，如图 12-6 所示。

商业模式画布

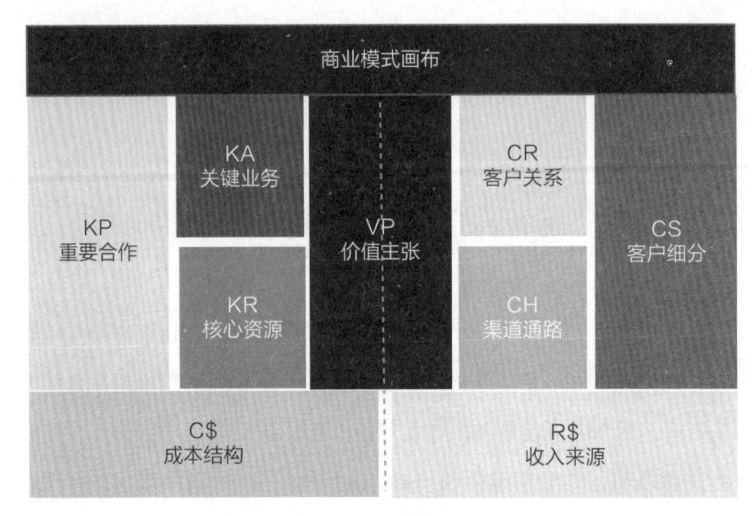

KP 重要合作	KA 关键业务	VP 价值主张	CR 客户关系	CS 客户细分
	KR 核心资源		CH 渠道通路	
C$ 成本结构			R$ 收入来源	

图 12-6　商业模式画布

在商业模式画布中，可以看到创新型商业模式的全貌。在中间最核心的就是价值主张，也是我们所说的商业模式的核心部分。右侧部分的三个模块是和客户有关的，定义了客户是谁，我们如何获取和保留客户；左侧部分的三个模块涉及了支撑商业模式运行的关键业务以及企业的核心资源与外部的重要合作；最下面的部分包含成本结构和收入来源，后者则是盈利模式的一个精简版本。

通过这个商业模式画布，企业首先可以梳理现有的商业模式现状。仔细查看企业的客户组成和关键业务、利润型产品的关联关系，再采用商业模式的创新方法进行梳理和规划，以便企业能够基于产品驱动进行商业模式创新。

思考与练习

1. 什么是商业模式？
2. 商业模式的设计原则是什么？
3. 在商业模式设计中，九个组成模块都是什么？
4. 请使用本书提供的商业模式画布工具，将企业现有的商业模式进行梳理。
5. 请按照本书对于大产品及产品创新方法的介绍，将创新后的商业模式进行梳理和描述，并与原有的商业模式进行对比，变化是什么？

第 13 章

企业级产品战略设计

什么是战略

20世纪60年代,"战略"这个本来用于军事指挥的词汇开始运用于商业领域。"企业战略"一词频繁出现在商业领域,是指企业为达到企业发展目标,通过某些途径和手段而进行的总体谋划。

竞争战略之父迈克尔·波特(Michael Porter)指出:"战略就是创造一种独特、有利的定位,设计各种不同的运营活动;并在各种运营活动之间建立一种相互配称、环环相扣、紧密连接的链,综合提升企业整体系统竞争力。"简单来讲,战略的本质就是"建立企业的竞争优势"。

战略的三个类型

企业发展到不同阶段,战略的需求是完全不一样的,我们可以把它分成尝试期的战略、成形期的战略和扩张期的战略。这三种战略是完全不一样的,就像有时候大家会问小企业要不要战略?其实在不同的阶段每家企业的战略特征都不一样,需要采取的战略打法也不一样。因此,不能把企业的战略生硬地归于某种类型。小企业也需要有战略,要根据自己发展的阶段来制定自己的战略,而不是照抄其他企业的战略。

其实不光是中小企业,任何没有制定战略的企业就像流浪汉一样,市场好的时候收入高，市场不好的时候收入低，那么还谈什么可持续发展呢？战略的目的就是让企业的发展在目标指引下变得高度可控。

战略的三个层次

其实战略对于大型企业来讲，可以分成三个层次：公司总体战略、针对每一个业务单元的经营性战略（竞争战略）和支持企业发展的职能战略。

对经营单一产品的中小企业而言，其战略也就是竞争战略。竞争战略属于事业部战略（Strategic Business Units，SBU）层面的战略。竞争战略主要针对企业如何在所选定的行业或事业领域与竞争对手展开有效竞争的问题，即主要解决竞争手段问题。它是企业取得竞争优势的"一般竞争战略"。我们通常所说的定位就是对应这一层战略的。但是这里需要关注的是，如果你有多个业务，那么在公司总体层面上，还需要制定一个总战略，而竞争性战略则要在公司总体战略的框架下完成，这样企业内部的各个职能和业务单元才能像五个手指头一样握紧形成有力的拳头。

商业模式解决了企业和客户之间的根本关系和价值输出，指引了企业竞争力的培育方向，也是企业战略得以实现的基础保障。企业战略的制定则通过核心竞争力的打造来保障商业模式的可持续运行。

产品战略与战略之间的关系

产品战略是企业战略的一个重要组成部分与关键配称，是站在企业的高度对产品线进行重新规划与定义，让多个产品之间形成有效的互动，并支撑商业模式的持续运营。在了解了创新经济时代下全新的商业模式设计方法后，我们就可以通过企业级产品战略规划来保证商业模式的可持续运营。

一家企业的销售额之所以无法实现持续增长，利润一直偏低，很大程度上是因为没有形成企业战略级的产品布局。对于能保证企业高速成长的创新型商业模式，必须有对应的产品布局进行有效支撑。从过往的数据分析中，我们能看到在很多企业经营过程中遇到的营销和管理问题，很大一部分来源于此。

企业中常见的产品布局问题

在谈到产品战略的时候，我们首先分析探讨一下，对于大多数企业来讲，如何清晰地去构建自己的产品线，并且能够站在企业战略的高度上去思考产品的组合策略。

很多企业都清楚，企业必须依赖新产品去获得企业价值的增长，大多数影响企业整体发展的营销问题其实来源于产品的规划问题，也就是说产品的策略是营销策略的基础。但是在实际经营中，很多企业新产品的业绩增长并没有给企业整体的成长带来实际的助力。

但是在现实环境中，我们能够看到一些企业不断地推出新产品，新产品进入市场后的生命周期却越来越短，而新产品的销量提升越来越依赖营销费用的提高；营销费用的提高超过了企业总体的利润增长。另一方面，新产品的推出，经常是以牺牲老产品的销量为代价的，使得企业总产品的销量并没有获得预期的增长，甚至出现总体上的下降。

例如，某企业经过了七八年的发展，如今形成了多类且几十个规格的产品，但是这些规格产品的销量相差悬殊，其中销售额接近于利润底线的会占到20%。这种食之无味、弃之可惜的产品往往会给企业带来灾难性的后果。

产品线的混乱带来的危害主要有五个。

第一，针对同一目标客户群的产品之间产生自相残杀，产品之间的特点、功能、价格不可避免地发生重叠。

第二，为了占领经销商渠道而扩充产品线，导致营销费用的增长幅度过快。这种过度行为提高了消费者的购买成本，同时又降低了企业的利润。

第三，产品线的过度复杂与混乱导致企业资源配置效率低，造成资金和内部的资源被平均化分配，使得企业无法着力打造关键产品。

第四，产品线的无序开发导致研发成本、生产成本、包装成本、模具成本的不断增加，甚至产品生产转换的损失，以及原料的采购和储存成本增加等，还造成了单一产品质量的下降和产品性价比的大幅降低。

第五，大量的企业产品研发、营销管理人员都在考虑如何进行单一产品的创新与改进、如何维护与经销商渠道的关系、如何制定产品促销方案等事务。对于这些问题的过度关注以及产品线无序扩充所带来的附加工作量，使得企业的经营管理人员没有足够的精力去关注更重要的战略问题，进而失去了宝贵的企业发展空间与时间。

这些由于企业产品线过度复杂所带来的后果，其产生的原因到底是什么？我们可以以企业发展的时间轴为线索进行分析。

大多数企业在初创阶段都是从单一产品的运作成功开始的，然后以技术的标准来扩展产品线，之后又转到了围绕渠道来做产品，这两种转换的过程使得企业的产品线产生了过度复杂的状态。

在单品种运作的阶段，大多数生存下来的企业应该说都是非常成功的，获得了供企业发展的初始客户资源。这些企业在获得了第一阶段的成功之后，就会面临产品线扩张的问题，而很多企业恰恰是在这个时候走向歧途的。

它们并没有去研究市场和目标客户群，也就是我们所说的以客户为中心的视角，没有找到切实的、有效的扩展产品线的方法，而是更多地通过技术驱动来进行产品线扩展。

技术驱动和以客户为中心的应用驱动有着本质的区别。技术驱动强调的是企业能够做什么，能够生产什么样的产品；而我们所说的以客户为中心的应用驱动强调客户需要什么产品，两者有本质的差异。换句话说，技术驱动规划出的产品未必是市场和客户需要的，从而导致了前面出现的问题。

这种技术驱动的例子在我们生活中随处可见，比如说电视机。大多数常见的电视机是按照屏幕的尺寸来进行产品线扩展，从二十几英寸到五六十英寸，而从来没有考虑过目标客户群体的居住环境以及使用多大的电视最为合适。很多传统家电厂家的电饭煲容积量多年不变，没有考虑到随着消费升级，越来越多的上班族在晚餐中主食的需求量越来越小。

类似的例子在各个行业和领域普遍存在，而这种简单粗暴的技术驱动下的产品线扩展，导致了很多企业在战略发展上受阻。接下来，我们一起讨论如何清晰地构建企业的产品战略，通过产品战略的规划顺便解决产品线扩展的问题。

产品战略的制定与实施步骤

制定企业级产品战略的前置条件是要基于在前面章节中我们所讲述的赛道细分和客群细分。产品布局必须以细分客户群体作为基础实现一一对应关系，做到每一个产品都有相对应的细分市场，有自己清晰的产品定位，避免同类型产品之间的内部竞争。

企业自有产品线内产品的同质化和定位模糊问题，可以从了解客户需求入手，找到客户购买行为的决定因素，也就是从客户购买商品后的应用环境入手，使产品与客户的购买决策构成因果关系。这部分问题在之前我们讲到产品创新方法的时候，已经在赛道选择、客户细分、痛点挖掘和价值打造方面给出了体系化的解决方案。

制定企业级产品战略

在制定企业级产品战略时，我们将从企业长期的战略规划高度，重新审视企业的产品布局，让不同的产品在企业的经营过程中承担不同的作用，而并非传统意义上简单地为企业获得利润。有的产品承担了获客的责任；有的产品负责锁住客户，并形成品牌在客户心智中的关联；有的产品负责获取利润；有的产品用于规避企业经营环境发生突然变化时的风险；有的产品则用于在市场营销中做价值标的。

首先，在前面的创新型商业模式设计中，我们已经了解到，创新经济时代出现的众多独角兽企业往往聚焦在一个细分客户群体进行商业模式设计和战略规划，这样的聚焦，我们称之为"企业将伴随着客户的成长而成长"。如果使用通俗一些的说法来解读，则可以表达为让客户在其未来的一段时间周期内，重复购买企业的产品。这些被重复购买的产品可以是同一个产品，也可以是同一品牌下的多个产品。

在20世纪的工业化时代，企业的经营主要呈现为产供销的模式。而随着互联网带来的创新经济环境升级，企业的经营模式发生了重大的改变，原有的产品、市场营销模式都发生了质的变化。

在20世纪，企业往往是先研发生产出一个产品，然后交付给市场部门做好宣传，同时由销售部门将产品卖给100个客户。而在过去的20多年创新经济环境下，我们要做到的是将产品卖给一个精准客户，并且通过产品独特的卖点形成品牌在客户心智中的关联，从而促进客户购买其品牌下的其他99个产品或者购买同一产品99次。在未来，我们除了完成上述的营销，还会尽可能促使此精准客户不但购买本品牌的产品，还要告诉另外的 99 个客户也来购买同一产品。这样，一次销售就相当于完成了一万次产品的购买。

而这个过程是企业未来新营销的主流模式。这种新营销的未来主流模式将大幅度降低企业的营销成本，拉开和竞争对手的差异化竞争优势，重新布局全新的营销渠道，从而获得滚雪球式的超额复利。企业级别的产品战略规划，就是根据全球升级后的经济环境的改变，并结合企业自身的核心资源，通过对企业产品的科学规划来推动这一新营销模式的运营，帮助企业通过产品和营销的创新，驱动企业战略的升级创新，从而完成企业价值持续高速增长。

在上述的步骤中，我们将其中的有关产品组合抽象成模型，就是我们下面要介绍的产品矩阵工具。

产品矩阵的设计

产品矩阵是创新型产品战略的核心支撑组件。其要点是让不同的产品承担不同的职能和角色，相互协同、有机组合、相互支撑，形成企业的自我运营生态。在后期，还可以通过开放生态的方式，用极低的成本引入第三方产品，完成产品矩阵的扩充，从而实现企业战略目标的达成。

从实体经济企业的实际经营出发，我们将企业的产品矩阵组合分为关键产品、流量型产品、利润型产品、渠道型产品和锚定产品，如图 13-1 所示。下面将分别予以介绍。

关键产品

能够支撑企业商业模式正常运转的关键产品，也称为主营产品。关键产品的核心目标之一是通过独特的价值创造占领目标客户的心智，建立品牌联结；目标之二是牢牢锁住目标客户。在实际应用中，我们建议在此将"目标客户"锁定在"优质客户"范围。

```
        流量型产品
    ┌─────────┐
    │         │
  锚定    关键产品    渠道
  产品              型产品
    │         │
    └─────────┘
        利润型产品
```

图 13-1　产品矩阵组合示意图

关键产品的目标能否达成，直接关系到商业模式能否成功，其结果主要体现在后期的利润型产品能否顺利被客户二次购买。

目前出现的多家创新型上市企业都有自己的关键产品，例如小米公司的高性价比特征的小米手机、滴滴公司的滴滴打车软件、美团公司的美团外卖，甚至电商公司的主营品类商品，例如京东的 3C 类商品、三只松鼠公司的坚果类食品等都是其关键产品。

如果想要快速识别目前市场上一些主流企业或者竞争对手的关键产品，通过观察其在市场推广时的产品宣传重点就可以得到相应的答案。关键产品非常重要，如果关键产品在市场上受损，其商业模式也会遭受重创。因此，关键产品也是一家企业最重要的产品，需要得到企业足够的重视以及在资金、资源方面的投入。

流量型产品

流量型产品的设置，一般是在企业关键产品的购买门槛较高，或者客户购买频次较低的情况下，为了促进关键产品的购买而专门规划的一个前置获客产品，流量型产品的核心目标是增加客户购买或使用频次，给关键产品获取足够多的客流量。

流量型产品的核心特点是具备自我造血功能,即初期投入少数流量即可完成启动,后期通过裂变传播获得指数级上涨的客流量回报,其早期利润可以为零甚至出现略微亏损。

例如,在共享单车作为一家企业的关键产品运营失败的情况下,美团、滴滴和支付宝仍然继续利用共享单车高频使用的特征,将其变为流量型产品进行客户获取与绑定,后期通过其他的利润型产品进行商业变现。

流量型产品的类型尽量采用与关键产品近似的品类,但是也可以有跨品类的情况发生。在实际操作中,一般可以采用如下三个模型对其进行选择与使用。

- » **高频低价产品。**特指使用频度较高,且购买价格较低的产品。
- » **低价低功能产品。**可以将保留简单基础功能的产品作为流量型产品进行使用,但是切记仅限于简单的基础功能,不能与关键产品进行自我冲突。
- » **内容产品。**采用与关键产品属性强相关的内容作为流量型产品,其表现格式可以根据内容本身特点进行设置,例如:图书、白皮书、报告、连续刊载的软文性质的图文、系列短视频甚至影视作品。

利润型产品

利润型产品特指当关键产品形成首次购买并锁住客户后,能够在后期的商业闭环中不断给企业带来足够利润回报的产品。利润型产品的特征是延续关键产品,锁定精准客群的深度需求,进行后期延展导致复购行为的发生,在未来可以伴随着客户在一个时间周期内的成长,不断提供对应的产品或深度服务;或者在同一时间段内,可以交由客户购买的不同类型的产品和服务。利润型产品可以是供客户反复购买的同功能类产品，也可以是扩大品类的其他产品。

利润型产品可以选择与关键产品同一细分品类的全新升级产品，也可以在关键产品所在品类的基础上进行大品类扩充后再行设置。在实际操作中，一般可以采用如下五个模型对其进行选择与使用。

» **高品质、高利润的同品类全新产品。**这类产品一般是使用了全新技术，在市场上率先推出的技术领先型产品。
» **关键产品的后期服务。**针对客户购买完关键产品后可能遇到的问题，进行服务产品化，将其作为后续的利润型产品。
» **关键产品细分品类的扩大品类产品。**在前期我们讲过的品类细分就是为了实现关键产品的精准定位和客户价值塑造。而在利润产品环节，则可以将品类进行适当扩充，实现品牌对应下的其他产品复购。
» **金融类产品。**当产品的单次购买金额较高，或者在一个时间周期内累计购买金额较高的（例如，房产或者教育类产品），则非常适合提供客户对应的金融类产品。
» **同一精准客户群的低频跨界产品。**对于一些购买频率较低的产品，由于客户对于此类产品在购买评估方面没有经验，所以非常适合已经建立客户信任感品牌旗下的利润型产品。例如，教育企业延展的游学类产品。

利润型产品的选择与规划随着行业的不同而呈现出了更加丰富的变化，上面的方法只是一些简单介绍。在企业自己没有自主利润型产品的时候，还可以通过第三方合作引入生态型利润产品。

当客户规模达到一定程度后，利润型产品的收益也可以根据实际情况进行放大，收益可以是短期的现金，也可以通过战略创新将更多的客户价值转化为企业价值。具体来讲，就是通过对第三方生态型产品企业的投资，获得更高的股权收益。这个价值转化方案也是创新型商业模式的一个重要规划。

锚定产品

锚定是指人们倾向于被预先设定的元素所影响,进而会在做决定的时候有意识或无意识地参考预先的设定。锚定效应被广泛地应用于市场营销中,在企业营销过程中通过为客户预先设定一个"锚",去引导客户对某一事物做出符合预先规划的相应判断。

锚定产品就是在产品商业化过程中利用"锚定效应"的具体应用。简单来说,锚定产品理论特指当你第一次接受一个产品的初始值,后期则会通过此值去估量新遇到的产品。因此,设置锚定产品是产品商业化过程中一项重要的工作。

在企业实际应用中,锚定产品的策略广泛应用在一线市场营销中。当企业需要主推一个产品的时候,可以以主推产品为中心设计一个产品组合,通过适当的产品定义和差异化定价策略,完成主推产品的推广。

锚定产品的具体定制方法是,将主推产品放在同一品牌产品组合中进行适当定价。一般将主推产品的价格设置在中间价位,在两端价位分别设置两个锚定产品:将一个功能、外观等略胜于主推产品20%左右性能的产品设置成最高价的旗舰产品;将另外一个仅有基础功能的低价格产品作为入门产品。一般客户的心理会排斥最便宜的产品,因为通常便宜的产品就是廉价的代言,而最佳价格的产品与主推产品仅有20%不经常使用的差异性功能或者特点,购买起来并不划算。因此,通过比较,凸显了中间价位的主推产品的高性价比特征,从而触发最高的购买量。这个经常提前预设的产品组合就是锚定产品的具体应用方式之一。

除了上述的自营锚定产品组合规划,也可以将第三方产品作为锚定产品。我们能够在市场上经常看到把一款性能所差无几但价格偏高的第三方产品放在"爆款"旁边,以衬托"爆款"的高性价比的方式,就是锚定产品的一种具体应用。

但需要注意的是，与主推产品进行锚定对比的产品不要过多，以免造成客户选择困难，反而使订单转化率下降。同时还需要注意功能、外观和性能在锚定产品设计过程中的使用方式，以免发生产品线内部自相冲突的情况发生。

渠道型产品

产品从被制造出来开始，为了实现产品的价值，就面临着流通的问题。也就是说，产品只有在市场上正常地运转和流通才是其得以生存的根本。在现实的市场流通中，无论渠道发生何种升级和改变，企业都必须注重产品的渠道维护，才能杜绝产品滞销带来的诸多的问题。在市场营销的 4P 理论 [产品（Product）、价格（Price）、渠道（Place）、促销（Promotion）] 中，渠道维护是一个相当重要的概念。

营销渠道是指产品从企业流通到目标客户所经过的完整路径。经过 20 多年互联网带来的消费与渠道升级，现代营销渠道已从原来的长线渠道逐渐扁平化，根据主导成员的不同分为制造商、零售商、服务提供者等营销渠道。营销渠道的功能就是使用最小的成本和相对短的路径把生产经营者与客户联结起来，使生产经营者生产的产品或提供的服务能够在恰当的时间、地点和形式精准送达客户群。

根据上述的营销渠道定义，渠道型产品是针对企业全渠道营销中所配置的一种产品类型，其主要目的是扩充企业多元化收入组成，解决企业经营的抗风险能力，以及全渠道布局中可能存在的产品定价、客户资源冲突等问题。

渠道型产品设置具有两个主要的作用。

其一，为了打开某一市场、占领渠道而开发的定向渠道型产品。根据不同的渠道设置专用的产品，以避免同类型产品因不同属性的渠道而造成的价格差等问题干扰市场。例如，很多家电制造商为了避免网上电商的商品与线下实体店面渠道经营的商品打价格战，从而推出了专供某一电商平台的产品。还有一些服装企业，专门为专卖店和 OUTLETS 设计了不同款式和价格的服装，以避免市场营销的混乱。

其二，规避由于市场环境的突然变化，导致企业经营风险而设置的风险控制类渠道型产品。此类的渠道型产品需要提供适合辅助销售渠道的差异化产品。例如，以堂食为主要营销渠道的海底捞，积极拓展自嗨锅等零售终端产品，这样的好处在疫情期间表现得非常明显，可以在堂食业务几乎停滞的时候，为企业继续提供用以生存的现金流。

风险控制类的渠道型产品设置的初期，强调现金流为主，利润为辅的方针。此方法也是中小成长型企业在发展过程中用来进行风险控制的比较重要的一个战略手段。企业可以利用原有的产品研发能力和品牌影响力，向辅助型营销渠道提供对应的全新产品。

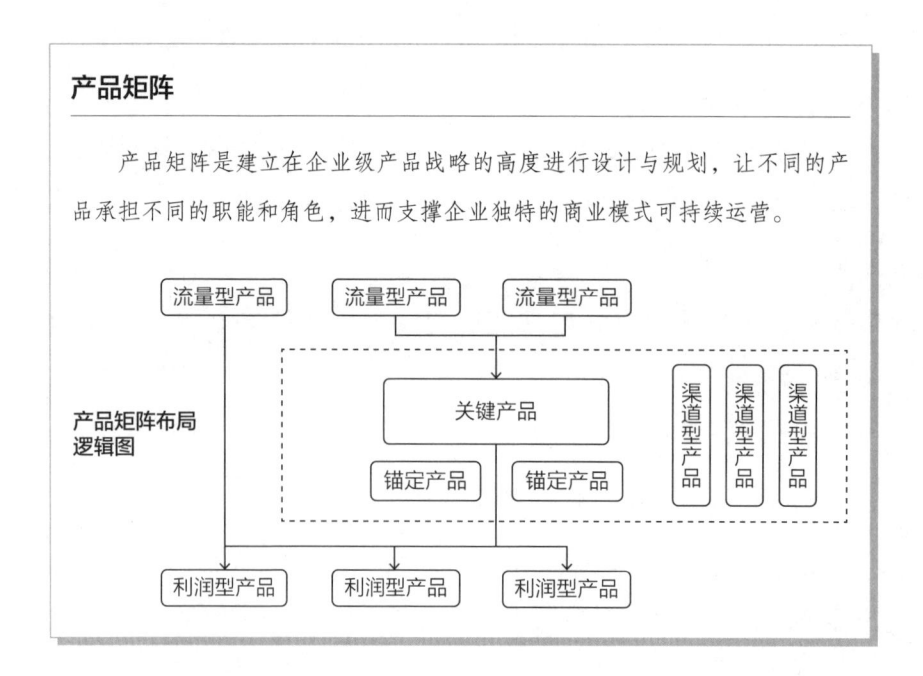

产品矩阵

产品矩阵是建立在企业级产品战略的高度进行设计与规划，让不同的产品承担不同的职能和角色，进而支撑企业独特的商业模式可持续运营。

产品矩阵布局逻辑图

产品战略的实施步骤

产品战略规划的落地实施涉及创新商业模式中的客户细分、渠道通路、客户关系、关键业务、价值主张、成本结构和收入来源等几个部分的规划。整体的产品战略制定，可以按照如下 14 个步骤进行，并参考表 13-1 所示的企业现有产品梳理工具。

- » 梳理企业现有的产品线；
- » 明确产品品类和创新细分品类；
- » 明确目标客户群体；
- » 确定关键产品；
- » 确定明确的价值主张；
- » 明确产品定位；
- » 清晰描述产品定位（也就是企业商业单元的定位，如果是单一产品企业，就是企业定位）；
- » 确定品牌定位；
- » 通过对关键产品的定义和客户画像，寻找最佳的获客渠道通路；
- » 根据预定的渠道通路，按照实际需要规划对应的流量型产品；
- » 对于优质客户，锁定客户关系维护的方法；
- » 根据关键产品的品类、精准客户的画像以及产业链情况，进行利润型产品的规划；
- » 对于关键产品，则可以通过锚定产品进行产品市场规划并吸引目标客群；
- » 最后，再根据实际客户群体的差异性，使用多个产品矩阵，进行不同产品线的规划。

表 13-1　　　　　　　企业现有产品梳理工具

产品名称	品类	客群	客户购买频次复购率	客单价	单品利润率	营销模式	产品类型（基于产品矩阵分类）

对于产品战略的制定，要注重全局化、体系化的指导方针。对于不同的企业，产品战略的制定会有很大的差异性，但是在进行战略制定之前都需要首先梳理清晰现状，研究清楚目标客户的核心需求所在，寻找目标与现实之间的差距，并且以此为基础进行战略的体系化制定。

助力产品战略落地的实战方法

在产品战略落地实施的过程中，还有一些具体的创新方法帮助企业产品战略落地实施成功。

产品跨品类创新

新零售的本质是在营销模式上从基于传统渠道的开环营销，变成针对目标客户为主的闭环营销。因此，产品的战略级创新必须关注产品跨品类的创新趋势。例如，在最近几年，大量互联网企业积极展开了线下的零售业务布局，而布局的商品大多以生鲜为主。造成这个现象的原因是生鲜领域的多个产品品类均没有出现能够代言品类的产品品牌。因此，如果能够通过新零售模式形成终端消费者对于零售商品牌的生鲜产品反向心智关联，则会出现一次重大商业机会。

生产生鲜和农副业产品为主的品牌企业也可以利用这个机会和新零售的商业闭环原理迅速做强、做大。

低频转高频，提升资金周转率

在前面讲解产品创新方法的时候，我们强调了高低频使用对于产品发展的差异。在实际的应用环境中，我们还可以通过一些战略级的产品创新手段，通过对一些低频产品的有机组合，将企业经营的资金使用率由低频转为高频，从而带来企业资金周转率的提高，改善企业业绩。

例如，在国内风靡一时的名创优品，就是将一系列目标消费者会购买的低频日常消费品做了适当组合，提高了消费者的到店频率，进而提高了企业的资金周转率，迅速地在国内抢占市场。

客户链接，实现个性化服务和营销

在进行跨界低频产品合作时，要学会创造"客户链接"，将其作为服务于营销的中转站，实现服务升级和创新营销。产品是连接企业和客户的重要纽带，通过互联网途径的创新服务（也许是一个 App 或者微信小程序），可以在创造客户价值的同时，获取足够多的产品使用数据。这些数据会帮助我们改进产品、服务，还可以有针对性地为客户提供低成本的专属服务和千人千面的个性化精准营销。

品类扩充，实现利润净增长

使用基于客户心智的产品品类定义方法，对关键产品所在的品类进行深入分析，在此基础上尝试进行向上级扩大品类，再进行利润产品的扩展。这也是很多跨界打劫现象发生的重要原因。

关键产品的颠覆式创新

针对商业模式中的关键业务的颠覆式产品创新，通过应用破坏性技术或重新定义客户价值曲线，为客户带来新的价值或更多的价值，进而引发行业生态系统的巨变，达到与业内竞争对手形成差异化竞争的优势。

当出现了关键产品的颠覆式创新后，就可以降低关键产品的价格，采用全新的后期利润型产品布局来实施与竞争对手的差异化竞争战略，从现有竞争中脱颖而出。在形成了颠覆式创新的基础上，再通过对内部管理流程、营销手段、服务方式等方面的立体化创新，让对手看得见，学不会。

精准客群，渠道叠加

对于拥有多个商业单元的大型多元化集团企业，可以针对具备同样特征的精准客户群体，进行产品叠加。将自己的关键产品作为合作商业单元的利润型产品进行二次营销。

在保证拥有同样的客户体系管理架构的前提下，此方法也适用于与第三方商业合作伙伴之间实施跨界整合营销。

促进首次购买，形成竞争优势

客户的首次购买在创新型营销中具有重要的战略意义，是企业在市场营销过程中进行流量转化和筛选优质客户的重要手段。在产品同质化严重的细分赛道，有针对性地打造高性价比产品（或者使用其他创新手段），提升客户的首次购买转化率是非常关键的一个环节。

开放私域平台，组建生态型产品联盟

在进行科学的产品战略规划的基础上，对影响企业价值快速增长的关键经营环节实施数字化改造。改造后的数字化经营企业，可以通过开放私域平台的方式，引入更多的产品合作方、营销渠道方、服务方进行强强合作的生态型平台建设与经营。

产品战略的规划是企业战略的一个重要组成部分与关键配称，其结果直接用来支撑商业模式的可持续运营。因此，产品战略级创新的成功与否，在很大程度上依靠商业模式中其他几个模块的协同与支持。例如，精准客群定位、渠道通路、客户关系维护、核心资源、外部重要合作、运营管理的成本控制等。

企业将各种创新要素通过创造性的融合，使各创新要素之间互补匹配，才能使创新系统的整体功能发生质的飞跃，形成独特的、不可复制、不可超越的核心竞争力。

> **思考与练习**
>
> 1. 梳理企业的所有产品，确定哪个是你企业的关键产品。
> 2. 尝试围绕你的目标客户设计企业的产品矩阵，规划流量型产品及利润型产品。
> 3. 试想企业未来会遇到哪些不可控的风险？如何通过渠道型产品的规划来尽可能降低可能的风险带来的企业损失？
> 4. 谁是你的优质客户，可以通过什么样的渠道和方式找到并维护他们？

第14章

保障企业创新型战略落地执行的组织资源

随着创新经济时代带来的经济环境改变,越来越多正处于转型升级期的企业开始关注如何制定顺应时代特征的创新型战略以及战略该如何落地执行。

战略的本质是企业基于时间轴对未来目标达成路径做出选择、配置资源的过程。无论是什么类型的战略,都离不开企业战略管理的几个关键要素:明确的战略目标、有效的战略分解、清晰的战略沟通、准确的资源保障、适当的激励与战略管控。这些对企业至关重要的"战略要素",经常被各种日常的经营管理动作所替代,导致企业核心管理层没有时间去思考、规划未来。失去了有效战略规划的企业,执行就没有方向,自然就谈不上执行力。所以,依托科学体系化的企业顶层战略设计框架,明确企业战略发展方向和重点,是企业执行力提升的前提。

人才是保障企业进行竞争性战略制定和执行的核心资源,很多传统企业在选择人才时主要关注学历、职级、经验、专业等,而忽略了在进行企业创新型战略制定和执行时所需要的知识和技能。

如何从机制上满足并保证创新人才的引进?如何对创新型团队进行有效激励?如何让企业的转型升级过程平稳顺利?如何将公司在战略执行过程中自上而下的推动力转为自下而上的主动执行力?如何在战略的落地实施过程中通过管控确保战略目标的达成?

本章将根据我从业20余年的经验,针对企业在转型升级过程中所需要用到的创新型战略,从制定到分解落地执行过程的七个关键步骤进行逐一讲解。

组建创新型团队，打破组织惰性

对于转型升级中的企业，必须组建符合时代特征的创新型团队，这个团队将担负起企业转型升级的重任。由创新型团队率先实施突破，再完成整个企业的升级改造。在创新型团队的成员中，要有梦想家、技术型人才和具有战略思维能力且值得信赖的人。

所有的创新都具备一定的风险性。在前面的章节中，我们已经对企业如何规避产品的创新风险进行了详细的阐述。在企业战略层面，需要有敢于实现从无到有的梦想家气质的人才，以及懂得如何使用数字化技术手段完成企业的产品和管理数字化改造的人才。同时为了让创新有效地支撑企业战略的制定与执行，还需要具有战略思维能力且值得信赖的人加入这个团队。

在制定企业战略规划的过程中，要尽可能多地听取创新型团队的意见，确保战略的制定过程符合经济发展的趋势以及能够被落地执行。

企业的转型升级可以被理解为发生在企业内部的二次创业。创新成功的难度极大，最主要的原因来自企业组织内部的惰性，以及对现有利益模式的再分配。我们可以通过如下方法对抗来自原有成熟业务体系的阻力，刺激创新团队的冒险行为，鼓励创新，让创新型团队率先产生对抗原有组织惰性的力量。

» **隔离是取得的成功的关键**。大多数的企业内部创新将会遭遇原有业务体系人员的极大阻力，因此大型成功企业在进行内部创新时，会采用对创新型团队物理隔离的方式确保创新过程的顺利进行。所谓的物理隔离，指的是团队的办公地点、管理模式、薪酬绩效等全都独立于原有体系之外。

» **聚焦新兴市场**。为了避免与原有的业务体系发生直接冲突，尽量在原有业务大方向上，做创新型业务。但是要确保创新型业务与原有业务在一个大的轨道上，以便在创新成功后，企业能够基于创新业务做后续的升级。

» **从 CEO 那里获得直接的支持**。创新型业务将会成为企业转型升级的原动力，因此这是典型的一把手工程，创新型团队需要获得企业 CEO 的全方位支持，才能保障创新的顺利进行。

» **从现有组织中邀请非职业经理人来为新组织效力**。创新需要突破固有思维，抱着创业者的心态去实现从无到有的破冰。在企业内部，寻找有创业者思维模式的非职业经理人加入创新团队可以做到事半功倍。

数字化加速推动创新变革

在创新经济时代，随着互联网、传感器、人工智能、大数据等技术的推动，各个行业都在加速完成数字化改造的进程，企业也将会随之逐步完成数字化转型。建立在数字化基础上的企业，无论是产品与营销的数字化，还是业务管理的数字化，都会带来大量的数据沉淀。作为在行业内进行数字化创新变革的企业，需要率先建立以数据为基础的现代化管理机制。

对很多的成长型企业而言，在现阶段获取企业制定战略使用的外部市场数据和梳理清晰企业内部的财务数据、业务数据是制定战略前的必做功课。

这些年大数据的概念得到了热捧，企业在应用大数据进行经营管理前，需要首先建立自己的内部数据体系。通常情况下，我们把企业内部的业务管理数字化改造的过程分成四个阶段，大多数的企业目前处于数字化改造中的第二个阶段。

» **第一阶段：业务操作电子化**。在企业日常的经营管理过程中，将各个岗位在工作中所需要使用的表单进行电子化，将基础数据存储到电脑系统中。这个阶段也是前些年经常谈起的电算化，是实现数字化转型的基础层面。

- » **第二阶段：业务流程信息化。**将企业各个岗位的表单，通过办公系统和业务系统流转起来，实现企业内部的流程效率大幅度提升。这些系统包括：OA 系统、工作流系统、CRM 系统、呼叫中心系统等。这个阶段典型的特征是形成了清晰的内部数字化信息流。至此，企业内部包含基础终端数据和过程流的数据已经完成。

- » **第三阶段：业务管理数字化。**为了辅助企业准确制定战略和进行日常管理决策，在企业基础数据准备比较完善的基础上，引入一些用于决策分析的外包部市场数据，形成自己的业务管理系统。这个过程是数字化转型的一个关键环节，因为涉及系统输出的结果数据是建立在原有经验对业务过程的分析基础上的，不是简简单单的 IT 部门的任务，所以需要双方高度配合，不断试验，最终形成企业独特的业务管理系统。

- » **第四阶段：业务决策智慧化。**在企业辅助决策的业务管理系统建立的基础上，经过一个周期的数据积累，则可以在此系统基础上进行 BI 系统的开发，实现对未来一定时间内的业务预测。业务预测的目的并非取代管理层的作用，而是能够更好地帮助管理层发现未来的风险，以便提前做出相应的措施。

在企业制定战略时，可以有针对性地根据渠道、客户、产品类别等不同的数据进行细分整理、汇总形成报告。根据报告内容进行企业战略的制定，让战略的制定有据可依。如果企业目前全面获取市场数据有难度，也可以根据战略问题的重要程度进行排序，并且交由战略规划和执行过程中的参与者分头进行调研和收集。

但是有一点需要注意的是，我们越是以数据为基础去经营企业，主观的因素在战略管理中的作用就会相应降低，原有的一些常规激励方法就会失效，因此需要依赖各种创新规则和方法来保持公司的稳定和士气。

科学的战略管理体系让战略落地更高效

企业战略管理是确定企业使命,根据企业外部环境和内部经营要素确定企业目标,保证目标的正确落实并使企业使命最终得以实现的一个动态过程。主要包括战略分析、战略制定、战略控制和战略实施四个步骤。

在战略的分析与制定环节,重点关注宏观、中观与微观外部环境因素及其发展趋势、行业内外部的竞争环境、企业内部、外部能力与有形、无形资源配置现状、企业价值链与竞争策略组合等如何支撑企业的商业模式可持续运营。

战略分析

战略分析的目的就是通过外部环境分析(宏观环境分析、行业结构环境)解决公司可能做什么的问题;通过内部环境分析(资源、能力、核心竞争力)解决公司可以做什么的问题;然后再根据上述的分析结果,制定出公司应该做什么事情可以打造企业的持续竞争优势。

在这个过程中,我们通常使用以下三个工具进行战略分析:

» PEST——一般宏观环境分析工具;
» 波特五力模型——行业环境分析工具;
» SWOT——公司内部竞争力分析。

上述三个工具既可以用于企业整体战略的制定,也可以灵活地应用在各个子战略的制定上。比如在进行产品战略的规划时,我们会通过 PEST 工具来进行产品的可行性分析;通过波特五力模型判断谁是竞争对手;使用 SWOT 工具确定产品未来的差异化竞争的打造方向。

战略制定

在战略制定阶段，我们一般采用战略地图工具，如图14-1所示。战略地图是由罗伯特·S.卡普兰（Robert S. Kaplan）和戴维·P.诺顿（David P. Norton）提出的。他们在对实行平衡计分卡的企业进行长期指导和研究的过程中发现，企业由于无法全面地描述战略，管理者之间以及管理者与员工之间无法沟通，对战略无法达成共识。平衡计分卡只建立了一个战略框架，而缺乏对战略进行具体、系统、全面的描述。2004年1月，两位创始人的第三部著作《战略地图——化无形资产为有形成果》正式出版，也就是我们所说的"战略地图"。

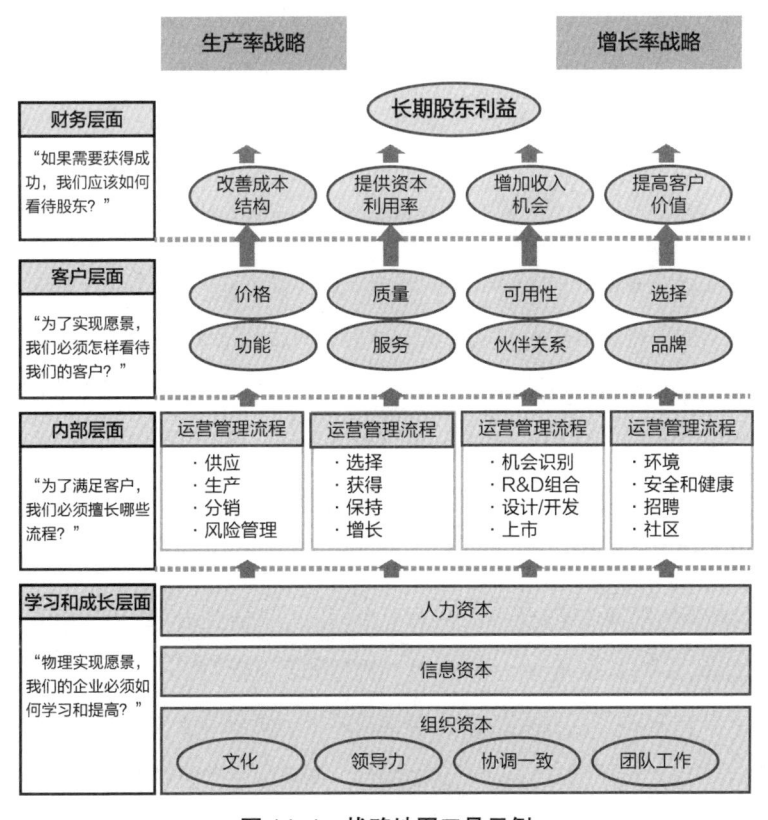

图14-1 战略地图工具示例

战略地图是在平衡计分卡的基础上发展而来的,与平衡计分卡相比,它增加了两个层次的东西:一是颗粒层,每一个层面下都可以分解为很多要素;二是增加了动态的层面,也就是说战略地图是动态的,可以结合战略规划过程来绘制。

战略地图将管理领域中几个最关键的任务进行了清晰、严谨的整合,提供了一个框架,用以说明战略如何将无形资产与价值创造流程联系起来。战略地图是以平衡计分卡的四个层面目标(财务层面、客户层面、内部层面、学习和成长层面)为核心,通过分析这四个层面目标的相互关系而绘制的企业战略因果关系图。

战略地图工具最重要的贡献在于其将企业经营战略的财务目标通过四个层面的分解逐次落实到了可以被理解且被深度分解的程度,成功诠释了战略与企业的价值创造流程的逻辑关系。

战略控制

战略制定完成后,如何落地执行的最大挑战来自如何让企业各层级的员工能够理解战略。很多企业的中层管理者在被问及企业的战略是什么的时候,往往给出意想不到的答案或者没有答案。在这种目标极度不清晰的情况下,想要打造以结果为导向的超强执行力几乎是一个不可能完成的任务,企业的战略实施成功与否是企业全员共同努力的结果,而不能集中由企业的几个核心管理人员来完成。

将战略清晰地传递给公司中的每一个岗位,就需要我们经常谈到的一个管理用语——有效沟通。战略的传达与沟通需要适合的形式、语言表述和沟通渠道给予保障。过于精练和专业高深的愿景、使命、企业定位、商业模式等规划会引发企业团队的无序猜测与揣摩,如何让战略能够被不同层级的员工接触到并能理解，成为战略落地执行所面临的首要问题。

首先，结合企业战略规划，从财务、客户、内部流程及企业基础建设四个层面对公司各层级战略目标进行深度解读，并且将逻辑梳理清晰。解读内容包括从公司财务增长目标设置，到以满足客户价值创造为目标的产品与服务创新、市场与客户定位、竞争策略与核心运营战略、内部运营机制改进方向，以及为了配合核心运营战略所涉及的人力资源、信息系统、组织文化配套、财务及业务资源匹配投入的不同视角下的全过程。

战略规划是一个信息从输入到转化解码再到输出的过程。为了保证后期的沟通有效，需要将战略解析的内容通过各种不同的形式、不同的深度和不同的视角呈现出来，以便为后面对不同层级的员工进行传导和沟通做好准备。

在进行首次战略沟通时，需要创建一个舒适、轻松的沟通环境，让员工可以感受到平等、互动的氛围，以便激发员工的主动参与感。

用在战略传导和沟通的时间和方式可以灵活多样，核心在于确保沟通内容清晰，途径丰富、高效，时间系统、可控。在提前制订的沟通计划中，可以在不同的时间点，采取不同形式的战略沟通。例如采用培训、研讨会、工作例会、公司内部社群平台、微信等，将相对严谨、枯燥的战略规划，以更为有效的传递形式和路径传递给员工，促进战略理解与共识，提升后期战略执行的准备度。

战略实施

企业的经营战略目标框架在完成了分层定义后，就可以进入到战略实施阶段。在实施阶段，我们会按照下面四个步骤进行逐步实施。

制定公司层面的平衡计分卡

前面所介绍的战略地图工具描述了一个组织战略的逻辑性，清晰地显示了创造价值的关键内部流程和支持关键流程所需的无形资产是如何与财务以及客户层面的战略重点、目标有机地结合在一起的；而平衡计分卡工具则将战略地图上的战略重点或主题转化为具体的目标以及对应的衡量指标和方式。同时通过平衡计分卡中的明确目标，还可以对应建立支持战略达成的行动方案及举措，从而真正实现战略落地，有效地指导组织战略的执行（见图14-2）。

使命	愿景	战略和战略图	维度	目标	评价指标	目标值	具体行动	里程碑	负责人	预算配置
向社区提供优质服务	成为社区中人们最愿意选择的医院	F2→F1	财务	…	…	18xx% 19xx% 20xx%		3月31日		xx元
		C1	客户	…	…	18xx% 19xx% 20xx%		2月18日		xx元
		P1 P2	内部	…	…	18xx% 19xx% 20xx%		1月31日		xx元
		L4	学习和成长	…	…	18xx% 19xx% 20xx%		1月11日		xx元

战略导向 ←——————————————→ 战术导向

图 14-2 平衡计分卡示例

换句话说，战略地图完成了对战略的描述，而平衡计分卡则是要让组织的战略变得可测量和可管理。

进行战略分解

战略地图里的战略可以被看作组织的战略目标，通过将战略目标转化成可衡量的指标，实现从战略地图到平衡计分卡的转化，同时完成企业内各岗位详细工作计划的制订。

根据分解结果制订公司经营计划

企业可以根据五年的发展战略规划，将经营计划具体到三年或者一年，并且使用战略分解工具将战略目标分解到各部门、各岗位的季度或者月度目标中。

根据我们多次进行战略分解的经验，推荐之前没有战略分解经验的企业在进行首次战略分解操作时遵循以下三个原则：

» 将经营战略限定在一年期，并且尽量使用一年期的经营战略目标进行分解；
» 针对战略目标的经营计划分解到季度，而不是月度；
» 针对战略目标的经营计划分解到部门，而不是岗位。

这样的三个原则可以极大地提高成长型企业的首次战略分解成功度。

完成公司整体预算制定

根据分解的执行计划，制定相应周期的预算就变得非常简单。公司制定整体预算的过程是一个自上而下，又自下而上的反复互动过程。在这个过程中需要注意的是，预算目标需要注意战略的导向性、资源分配的导向性和预算考核的导向性。

在战略分解与落地执行的过程中，依据公司经营战略规划、目标、路径、资源和能力匹配，将公司战略目标分解到下属所有业务单位、职能部门和核心岗位，将公司战略贯穿于所有部门和人员，确保公司战略在新的组织形态与管控模式中得以有效落地实施，推动全体员工与企业战略目标的协同一致。

有效激励推动主动战略执行

组织内部的团队和岗位为企业的战略达成创造了更大的价值，并将价值创造的成果与团队和员工的激励对接；保证团队和员工为共同的战略目标去主动采取行动，进而推进战略目标的最终达成。

识别战略性岗位和人才，配套有竞争力的薪酬体系，挖掘团队和人员的激励因子，完成激励目标的设置与跟踪管理，实现对战略执行团队与个人的有效激励，推进"主动战略执行"。

高效执行力是企业成功的基本保证，而激励是提高效率和点燃员工激情的最大驱动力。对于创新型团队，其激励方式与传统稳定业务有所不同，具体的方法如下。

将大目标分解成可被执行的子目标

因为创新团队所要达成的目标是之前没有成功过的，因此在战略愿景下，可以将大目标分解为可被执行和评估的子目标。这种方式带来了以下两个好处。

- » 降低企业风险，让在创新业务上投入的资金和资源能够与预期回报同步推进；
- » 增加创新团队在新业务执行过程中的信心，团队成员在心理上更有信心相信他们有能力实现创新业务的长远战略目标。

快速迭代

任何真正意义上的创新发展都具有很大的不确定性，没有一个团队可以完全预测创新业务在未来的市场表现。因此，通过缩短每一次尝试与下一次尝试之间的时间滞留，每一次的复盘和调整都可以让组织获得更多的经验，并将经验应用到下一个过程中，这就是快速迭代的核心逻辑。而使用快速迭代方法给创新项目带来的优势在于其比一次到位的方法更加容易获得成功。

激励

外在激励

通常情况下，企业提供的外在激励非常适合业绩提升要求在11%~25%之间的任务。例如，在一些不需要任何全新认知技能的、非常基本的任务方面使用现金奖励。

但是随着企业的工作越来越复杂，技术性越来越强，外在激励的有效性就会不断衰减。尤其是创新型业务，常规的外在激励作用发挥的效果很有限。

内在激励

对于创新型团队，或者需要让高水平的绩效得以维持，激励必须由内而外，而不是由外而内。从事物本身寻找价值，从事物的内在价值实现对人员的激励。这个内在激励的目标，是通过一系列的行为，让参与者获得足够的信任感、自主感和成就感。

动态纠偏，实现战略闭环管理

战略是在变化的环境中实践的，战略管控的核心是基于不同时间周期，审视过去、规划未来的重要节点，通过数据分析，不断寻找企业战略在执行过程中所发生的偏差，找到原因，提出有效执行解决方案并跟进落实，实现对战略落地执行要素的可视化管理。

通常情况下，企业可以实施预算控制和业绩衡量指标的考核控制，完成对战略执行过程的控制与评价，不断修正执行计划，完成经营战略目标。

> **关于创新型战略实施的几个建议**
>
> 在企业的创新型战略制定、实施和落地执行的实际操作过程中，还需要企业的核心管理层能够就以下问题的观点达成一致。
>
> **创新思维和战略思维的改变从企业一把手开始**
>
> 卓越的企业家往往以企业愿景激励员工前进。作为企业的核心管理层，不应当陷入常规的事务陷阱之中，而忽略了影响企业长远发展的战略规划思考。对于创新的意识，更是需要核心管理团队率先在思维上改变，组织中的员工才会跟上变化。
>
> 管理层每天都要不断地使用各种形式和沟通渠道强化企业的战略目标和创新意识，直到每一个员工都真正理解并愿意追随企业的愿景和使命并为之奋斗。
>
> **重塑企业文化**
>
> 这是一个外部经济环境在不断变化的时代，要求我们的企业打造能够迅速适应快速变化的企业文化。领先于行业变化而创新改变的企业就有机会成为新的行业霸主，顺应行业变化而改变的企业就能生存下来，落后于行业变化的则会成为过剩产能被淘汰出局。
>
> **建立学习型组织**
>
> 技术驱动下的经济环境在不断升级，我们之前的很多生活和工作经验已经无法适应当前的需求，更无法满足未来的需要。在现实工作中，我们往往

能看到企业的核心管理人员非常善于并乐于不断地学习，但是随着时间的积累，企业组织中渐渐会出现明显的两极分化。有些企业组织员工的能力和视野跟不上企业核心管理人员的思路，这样企业的战略落地就失去了根基和保障。

建立一个学习型组织不断提升企业整体的技能水平，强调全员学习的重要性在这个创新经济时期显得尤为重要。对于员工个体来说，不在于其之前做过什么，也不在于其目前在做什么，而在于其今后能做什么。

思考与练习

1. 创新型团队需要什么类型的人员？你的团队是否都具备？
2. 数字化转型的第一步要做什么？
3. 利用 PEST 工具分析你的业务是否符合宏观趋势发展方向。
4. 通过波特五力模型判断你在行业内的竞争对手是谁？未来还有谁可能会成为你的竞争对手？如何做好应对措施？
5. 使用 SWOT 工具分析你的产品未来的创新方向是什么？
6. 使用战略地图与平衡计分卡进行战略分解验证目前企业的战略执行是否是高效的。如果存在问题，该如何去调整和纠偏？

第五部分 营销篇

将产品高效推向市场的营销法则

在谈到营销时，我们往往会提到品牌，那么二者究竟是什么关系？我们认为品牌是战略，营销是战术，二者相辅相成，不可割裂。产品是传达品牌诉求和展示品牌形象的载体，好的产品又是做好营销的前提条件，所以我们在谈到营销时，要把营销、品牌、产品三者放到一起来研究。

谈到产品营销，很多以技术驱动的传统企业都一直坚信"酒香不怕巷子深"的道理，但是随着移动互联网大潮的冲击，技术迭代速度变得越来越快，我们不得不重新定义这个时代背景下产品营销的方法。

优秀产品带来的是品牌对客户心智的强关联，占据了客户心智细分品类中数一数二的位置，从而让客户在采购商品时，第一时间想到此品牌。例如，小米以高性价比著称；苹果以简约时尚树立品牌；华为以可靠品质赢得消费者；古驰以尊贵优雅的形象打动消费者；沃尔沃以驾驶安全让购买者安心；海底捞以热情服务让顾客宾至如归。

产品与品牌不是互斥的关系，二者有着本质区别但又相互依存，只有结合才能发挥出巨大威力。

从企业长期建设的角度来看，客户购买的是品牌，而品牌的形成则要通过产品来完成塑造。广告只能造就知名商标，而不是能够影响客户心智中采购判断的品牌。

品牌打造的过程，就是一个通过产品使客户与品牌产生情感联结的过程，如图V-1所示。客户从对产品的了解、认同、购买到重复消费，最终在心智中建立与品牌的情感映射。因此企业要通过打造产品的口碑，来完成品牌在客户心智中存留，从而带来后期客户购买相应大品类下产品的心智反向关联。

购买产品 → 形成口碑 → 品牌认知 → 复购

产品是载体，也是基础　　好产品形成好口碑，并自带营销　　品牌在品类中占据群体客户心智，形成情感纽带　　购买同品牌的其他产品

图 V-1　产品和品牌之间的关系

我们可以将产品与品牌的关系按照如下两个方面进行认知。

产品是品牌塑造的基础，品牌是产品价值的沉淀。

品牌在产品满足了客户基本的需求的基础上才能被塑造。任何品牌的塑造，都离不开对应的产品，而品牌又反过来给同品牌下的其他产品做信任背书。很多企业在品牌打造过程中受一些理论的影响，误认为品牌都是可以通过广告的形式塑造的，这是一种错误的认知，广告在绝大多数情况下只能造就知名商标，而并非可影响客户心智决策的品牌。

产品往往满足客户的基本需求，而品牌则可以满足客户的精神需求，两者结合才能创造出了完整的客户价值。值得注意的是，当企业经营中的产品出现了严重问题，品牌也将面临挑战。

产品是客户与品牌建立情感联结的载体。

缺少了产品这个载体，客户就很难体验到品牌所表达的情感诉求。在客户使用产品的过程中，产品对客户的价值贡献、创新体验和独特的理念，都是建立品牌在客户心目中情感形象的重要组成部分。

无论是单纯重视产品研发或者品牌营销都有所偏差，企业应该投入更多的精力，通过产品来塑造品牌，从而影响客户的心智，让品牌与客户建立长期情感联结。

第 15 章

高效推广的三个基础

品牌往往是在企业初创阶段依托产品而形成的，在这个阶段的企业产品无一例外具有如下特征：品质好、技术扎实、服务极致。而在这个技术迭代速度越来越快，核心产品同质化严重的市场环境中，如何增加品牌的传播力就变得非常重要。

优秀品牌的形成与传播在此阶段主要依靠产品的口碑，而并非广告。广告造就的是知名商标，并非品牌。产品口碑就是让你的客户说你的产品好，并愿意主动分享和推荐给其他人。

前面我们对于关键业务的概念及产品创新的方法进行了详细的介绍。在谈到产品的推广时，我们首先对产品进行高效推广所需要具备的三个基础条件进行分析。

有良好口碑基础的产品

产品口碑的产生源于反差，简单来讲就是要超出客户的预期，反差越大，口碑越好。

企业要精心选择一款有口碑基础的产品作为品牌塑造的基石。此产品需要聚焦到一个客户痛点需求，并且提供超出预期的解决方案，从而带给了客户惊喜的价值。

针对客户痛点需求的产品需要将卖点提炼出来，形成一句简单易记的口号，并且能够在理念上引起目标客户的共鸣。

定位精准的客户群

产品必须有一个精准的细分目标客户群体。但是在产品推向市场的初期，单纯依托目标客户群体进行口碑传播的难度颇大，传播速度慢且对产品的卖点要求极高。

我们强调要在大客群中细分更小的客户群体。没有这个能够获得领先的小众客群市场，企业很难在激烈的大品类竞争中生存发展下去。这个细分客群就是我们所说的原点客户。通过原点客户去影响大众客户群体，再通过大众客群引爆整个市场。因此，企业必须深刻洞察原点客户群的需求，针对这个群体开发产品，尤其是意见领袖型的小众客户群体。

关于原点客户群体的定义与使用，在后面会有专门讲解。

关键性资源和系统能力

对于营销渠道的建设要依托一些关键性的渠道与资源，并且能够体系化地进行拓展。

就像商业模式不可被复制的原因一样。同样的细分市场和产品，不同的企业所采用的营销策略也会有明显不同，而不能简单地进行模式上的抄袭。要认真思考企业自身的核心资源进行组织与搭建。

例如，小米的创始团队具备很强的互联网基因，创始人雷军先生有独特的 IP 用于品牌推广和宣传，因此小米在破冰阶段就采用了以互联网手段为主的策略。而步步高品牌在推广 OPPO 手机和 VIVO 手机的初期阶段，采用的是渠道策略，通过大量的线下手机店的铺货，使用"充电五分钟，通话两小时"的卖点进行营销推广。在取得了初始客户资源后，再通过互联网渠道进行细分品牌的塑造。

我们从上面的例子中可以看到，在同样的目标客户群体的细分品类中，小米和步步高的成功来自两种不同的营销策略，而成功的营销策略都是基于两家企业不同的核心资源和能力。而近年来对小米模式进行抄袭的很多企业，反而没有获得成功。

思考与练习

产品高效推广的三个基础是什么？请对应你所在企业的大产品将三个基础内容具体进行描述。

BIG PRODUCT-ORIENTED
THINKING

第 16 章

营销创新的六个方向

创新经济时代大众的消费观念、市场的营销环境、营销模式都发生了改变，我们需要将传统的营销模式进行升级来适应新的竞争环境，这就是我们说的营销创新。本章我们将着重给大家讲解营销创新的方法。

专家式营销，向服务要利润

如果我们在营销过程中，遭遇红海竞争、利润越来越低的情况，那就要考虑尝试改变营销模式了。

我们需要将传统的单一产品销售模式，改为专家式销售。也就是我们不但要考虑目标客户对于核心产品的精准需求，还需要将客户在售前、售后过程中可能遇到的问题提前考虑进去，并且有针对性地提供综合解决方案。这个综合解决方案就是我们所说的基础产品、形式产品和附加产品三个产品层面上的创新组合。

专家式营销是进行差异化竞争非常有效的方法。具体来讲，就是从以客户为中心的视角，告知客户你的竞争对手从来没有告诉他们购买此类产品后的一些潜在问题，并且提前给客户准备好相应的解决方案。

在热播电视剧《安家》中的二手商品房中出现的"凶宅"概念，就是一个极好的例子。哪个企业能够在第一时间告知很少被消费者关注到的有可能在购房后才发现的情况，并且提前给出承诺，就会成为这家房产中介公司最好的服务产品宣传卖点。

对很多企业生产的实体型产品而言，经常伴随着同类型产品的功能同质化越来越严重，出现物理价差利润越来越小的现象。我们可以大胆地预测，在未来会出现这种类型产品的物理差价利润降低到零，甚至负利润进行销售的情况。其中创新型产品的利润则来自后期的延展服务。

类似实际发生的例子已经出现在了很多领域。比如多家国际知名计算机外设厂商的家用喷墨式打印机的售价很低，其主要利润来源在于购买打印机后的墨盒耗材。

目前国内很多汽车销售商（4S店）的主要利润也并非来自汽车的首次销售，而是来自购买汽车后的保养与维修、金融保险服务。这就意味着，如果汽车经销商将利润来源放到后期的服务上，那么就必须创新出更多能够留住客户的服务型产品出来。

全方位的体验式营销，打破理性消费魔咒

在消费升级的大环境下，企业需要突破"理性消费者"的假设，而强调客户在做出采购判断时，理性与感性因素的综合影响。在前面所给出的客户画像工具中的情感标签在此将会发挥重要作用。

如何提升客户在消费前、消费中和消费后的体验，是企业产品营销与品牌经营的关键所在。体验式营销是基于客户的感官、情感、思考、行动、关联等五个方面，重新定义与设计营销的模式，如图16–1和图16–2所示。

客户对于体验的主观结果往往会清晰地通过动作或者语言进行延展表达，例如动作类的点赞、打赏、评论、转发，等等，语言类的爽！超级可爱、太有诱惑力了、超刺激、没意思，等等。

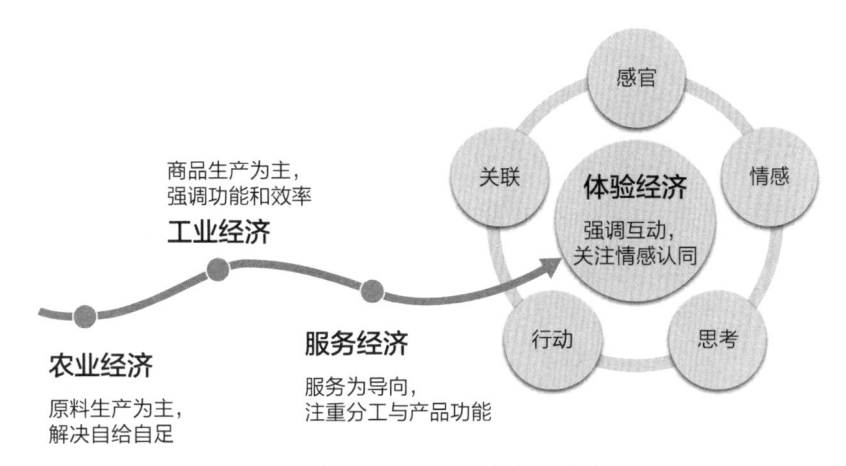

图 16-1　社会经济形态与客户体验式营销

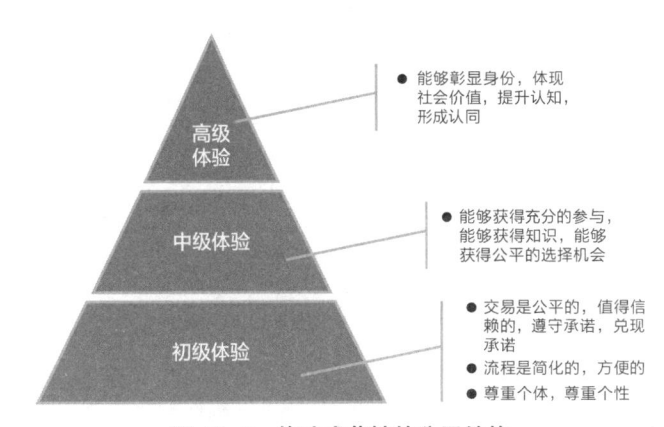

图 16-2　体验式营销的分层结构

体验式营销的作用在于让客户参与到产品的研发和营销过程中，通过不同的体验对品牌产生情感寄托，从而成为品牌的忠诚客户。在全方位体验营销设计中，针对不同的产品，需要将体验内容进行有针对性的组合，而不是简单叠加，要让其相互作用、相互影响，进而促使客户产生全新的体验。

全球知名厂商梅赛德斯-奔驰公司，针对越来越年轻态的客户群体，将其产品理念通过实体店的方式进行体验式营销，创新性地在全球超一线城市布局的 Mercedes me（梅赛德斯 ME）体验展示店，此店集餐饮、文化、产品展示为一体，布局在年轻时尚人群集中的商圈，成为年轻一派的网红打卡店。这个方法就是我们在营销方法创新中所说的产品 IP 空间化和逆向导流。

如果一家企业的产品有独特的体验感，或者需要经过体验才能更好地拉开与竞争对手的差距，则非常适合使用体验式营销。比如苹果公司在全球一线城市设置的官方体验店，以及小米公司的小米之家。当然，我们也可以像梅赛德斯－奔驰公司一样，通过立体化服务的体验店来传递企业的品牌文化内涵，吸引更多的目标客户直接近距离感受品牌和产品的魅力。

新社交营销，升级病毒式口碑传播

社交营销是基于人际关系开展的一种营销方式，企业可以通过线上和线下双通道进行。通过互联网上的社交媒体或者社交网络进行，并辅助相应的线下推广，这种方式我们称为"新社交营销"，如图 16-3 所示。

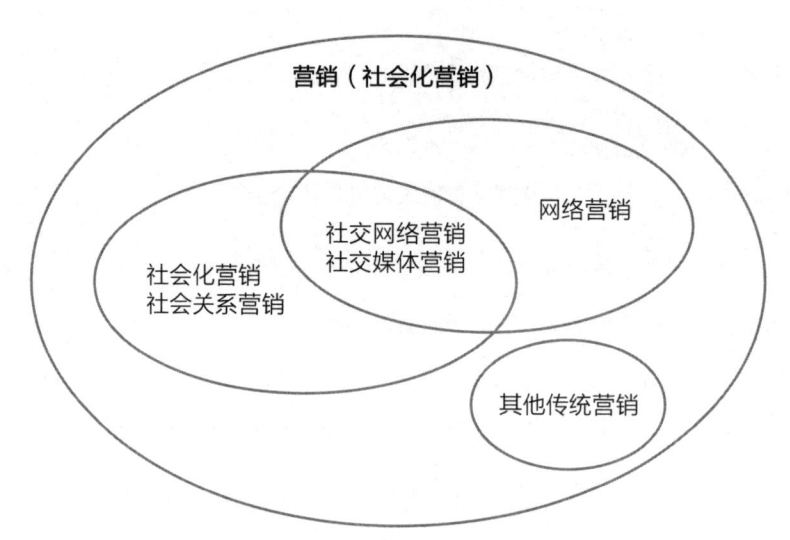

图 16-3　社会化营销与社交营销关系图

基于社交媒体或者网络，进行产品的病毒式口碑传播，结识更多的朋友，形成专业品牌形象，一般可以形成高客户黏性和转介绍的结果。在最新的短视频社交平台，甚至可以出现直接进行商品销售的效果。

对于最新出现的短视频社交媒体，其新社交营销会经历三个重要的阶段，如图16-4所示。

短视频传播 ➡ 直播销售 ➡ 买家社群

图16-4　新社交营销的三个发展阶段

第一阶段：短视频是一种弱社交模式，企业需要通过与目标销售商品有关的内容，吸引定向消费者的关注和存留。这部分就是内容营销，最重要的是做好与未来销售商品有关联性的文案策划，并且采用有趣或者故事性的手段进行制作，并利用短视频社交平台进行传播。

第二阶段：通过直播的方式进行商品销售。在这里要重点强调的是，直播销售动作并非要等到短视频播放积累到一定受众数量后才开展，而是从创建短视频号时就要同步进行，也就是说直播销售是从确定了要进行视频营销就要开始运营，这样才能保证目标明确，前期的短视频内容不跑偏。

第三阶段：将公域流量转化为自己的私域流量。随着视频平台和电商平台的流量成本越来越高，企业所付出的有效流量购买成本也会持续增加。所以在直播带货销售过程中，要迅速针对购买者进行社群经营，将平台的公域流量转化为企业的有效私域流量。这样做的好处在于后期的二次购买成本可以降到很低，只有构建了自己的私域流量，才有可能不断地获得产品复利。

精准的数据化营销

大数据可以帮助企业发现机会,例如新客户、新市场、新产品、新规律等,同时还可以进行品牌营销决策的调整与优化。大数据营销的本质就是基于大数据体系进行品牌塑造和促进营销。

大数据营销的价值主要表现在以下两个方面:

» 提升品牌资产,除传统的品牌知名度、美誉度外,实现品牌与消费者共创的数字商业生态,实现共赢;
» 效果营销,主要体现在通过对海量数据的分析,在收集数据、分析数据和创造数据的过程中,不断地优化经营效率,合理运用数据最大化实现营销职能的投入产出比。

数据化营销可以带来很多价值,其中包括:

» 让营销行为和消费行为数据化,进行定向和定性的分析,从而提升效率;
» 让传统的广告投放做到可控,理性规划投放渠道;
» 通过数据汇总分析,进行不同营销渠道的组合式营销;
» 建立以客户为中心的营销和服务体系,让客户价值最大化。

数据化营销的前置条件是企业内部的业务管理数字化,以及产品数字化。只有在实现了这两个基础动作的基础上,再进一步打通企业内部 ERP 系统和前端的营销系统、会员系统,数据化营销才会更有实战意义。如何理解和建立自己的内部关键系统是当前很多企业所面临的第一个数字化转型任务。

超维的跨界整合营销

跨界整合不是创新形态，但是随着社会数字化程度越来越高，营销人员对于跨界营销的重视程度会越来越强。

跨界整合是企业基于定位一致的共同目标客户群，进行协同整合的营销策略组合与资源共享。这就意味着需要打破传统的营销思维模式，寻求非业内的合作伙伴，发挥不同类别品牌的协同效应。跨界营销的本质是当一个文化符号无法诠释一种生活方式或者一种综合消费体验时，就需要几种文化符号联合起来进行诠释，而这些文化符号的载体，就是不同的品牌。

建立跨界关系的不同品牌一定是互补性而非竞争性品牌。跨界营销策略中寻找合作伙伴的依据是用户体验的互补，而非简单的功能性互补。因此，参与跨界营销的企业需要以客户为中心，对目标客户群体进行深度的消费习惯和品牌使用习惯研究，作为营销和品牌传播的依据。同时，如何通过与合作伙伴的互动，获得资源利用上的协同效应也是企业的必修课题。

实现跨界整合营销需遵循七个原则，如图 16-5 所示。

图 16-5　跨界整合营销的七个原则

我们在多元业务组成的集团化公司内部实施跨界整合营销的过程中发现，大多数跨界整合营销的失败，并非是资源不匹配，也不是产品不优秀，而是没有建立起基于一个完整体系的数字化客户画像和数据分析系统，导致营销过程盲目化、滥用化，营销过程对于资源提供方终端客户的精准度差，客户体验极其糟糕,从而导致资源方不敢继续提供营销入口。

因此,跨界整合营销的前置条件是建立一套共用的数字化客户画像系统和数据分析系统,基于对客户资源提供方的客户过程数据的分析,精准匹配相应的产品进行营销才能保证跨界整合营销的实施成功。

构建全渠道营销模式

全渠道营销是企业在未来进行营销创新中最重要的一种模式创新。目前在新零售领域被广泛采用。在讲到如何进行企业的全渠道营销布局前,我们先看一看什么是"新营销"。

新营销不再是传统供应链格局下的简单组成部分,而是跨渠道融合:线上、线下场景融合、产品与营销融合,企业必须回归客户心理,通过技术、数据、内容和场景的立体融合手段来实现营销创新。

得客户者得天下。将传统产品营销的开环式渠道销售,通过产品创新改造为闭环式营销。采用新营销的思维方式,打开思路,构建企业自己的多渠道、立体化营销闭环,与最终客户建立深度联结,迎接产业链变革带来的红利。

建立企业的全渠道营销模式可以按照以下三个步骤展开。

» **系统的全渠道规划**。从过去传统渠道布局,转变为寻找最贴近目标客户的合作伙伴。一是能够以最快速度将产品的价值主张传递给目标客户的合作伙伴;二是能够以最快的速度将产品交付给目标客户的合作伙伴。

» **重构企业的组织体系**。转变营销思路,打造并开放企业的小生态平台,与外部伙伴实现合作共赢。

» **营销闭环**。通过产品创新建立客户闭环,通过数据跟踪,建立与客户的强联结。

在前面的产品创新章节中已经介绍了如何使用互联网技术让产品成为联结企业和客户之间的纽带。通过全渠道营销模式的升级，可以进一步实现企业的经营体系转变成以"联结"为主要方式，以客户为中心，为客户创造价值为核心目标。

> **思考与练习**
> 1. 创新型营销包括哪几个方向？各有什么特点？
> 2. 针对目前你所在企业的产品特性，结合上述四个营销方向，尝试进行简单规划。

第 17 章

BIG PRODUCT-ORIENTED
THINKING

新媒体营销与品牌的有效传播

新媒体是相对传统媒体的一种基于数字化的媒体形式，商业社会进入数字化的时代，人们接触媒体的习惯也随之发生了根本性改变。企业与消费者从传统媒体的被动接受者逐渐成为新媒体的主动参与者，掌握了更多的话语权。

在数字化时代，如何充分运用新媒体特点，打造口碑传播，重塑品牌形象与布局营销新渠道，将在企业的营销活动中成为越来越重要的组成部分。

快速引爆客户口碑的三个步骤

前面我们介绍了如何打造一个具有口碑效应的单点突破的产品，在这里我们将着重介绍如何通过运营手段让产品快速地引爆客户的口碑。

将口碑点提前植入产品中

2008 年，"你上开心网了吗？"这句话在校园、写字楼和互联网上频繁出现，抢车位、偷菜成了众多学生、年轻白领每天的"必修课"。开心网成功地采用病毒式营销方式在社群类网站品类中脱颖而出，每天的点击率都突破 3000 万。

> 嗨，我是×××。我的几个好友开发了一个有趣的网站叫"开心网"，正在进行内部测试。我的好多朋友都已经注册了，如果你成为我开心网的好友，你可以……

注册过开心网的大多数用户都曾经通过电子邮件、聊天工具发送的链接等形式获得过这封邀请信，而发出邀请的人一定是他们的朋友。这种由强人际关系发起的邀请非常有效，转化率也极高。

单击邀请链接进入开心网注册页，经过简单方便的注册过程后，系统将提醒用户他们的哪些朋友已经注册了开心网，以及是否还有其他的朋友需要发送邀请。这样，不仅可以让用户快速与朋友融入游戏中，还可以让用户快速发展其他好友再加入。利用这种病毒式传播手段，只要初始化有几个用户加入，开心网的圈子就会呈现放射性的迅速扩张。

与行业内其他竞争对手相比，开心网没有采取任何激进式主动营销，而是采用了将营销手段提前内置到产品中的嵌入式口碑营销中。开心网提前将病毒营销中的"病原体"植入产品的每个关键环节，并提供了传播工具和途径。

在传统的广告营销和事件营销中，营销环节与产品很容易脱节，导致转化效率低。而开心网这种将口碑营销植入产品中，使产品成为口碑营销的主体方式，为接下来的营销工作打下了良好的基础，口碑传播与实际购买的转化效果好，转化效率远胜于传统的广告营销模式。

类似的口碑传播方法在后期移动互联网时代的微信、脉脉等产品上被广泛使用。同时，也被创新型实体经济企业瑞幸咖啡将营销过程产品化做到了极致。

寻找原点客户

所谓的客户创新其实并不是由产品的设计师或者产品研发的技术人员来完成，而是由该产品最活跃的使用者进行推动的。

什么是原点客户？原点客户也叫种子客户，顾名思义，就是一个产品最初的使用客户群体。到底原点客户与目标客户之间是什么关系？为什么要引入原点客户的概念？如何使用？接下来我们就进行详细的讲述。

在传统的产品口碑营销方法中，常见的方法是将产品打磨到极致，让核心的功能及用户体验引起用户的尖叫，从而让用户进行口碑传播。但是在现实工作中，并非所有好的产品，客户都会替你传播口碑，同时，在产品的初期要想做到引起用户尖叫的超强用户体验，其难度极大。如何在产品早期上市后进行口碑传播呢？我们需要依靠另外一个群体，那就是原点客户。

到底什么是原点客户？原点客户就是生活在你目标客户身边的那些草根意见领袖。其中有两个关键要素：（1）原点客户也是你的目标客户；（2）原点客户是大品类目标客户群体身边的草根意见领袖。草根意见领袖特指热衷此产品品类的发烧友，或者使用此产品的专业及准专业人士。原点客户与目标客户群体的关系如图17-1所示。

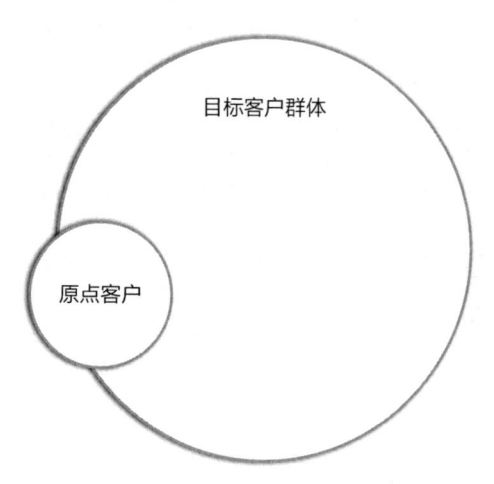

图17-1　原点客户和目标客户群体的包含关系

由于在产品的初期推广中极大程度依赖原点客户群体的价值贡献，因此对于原点客户概念的使用，需要引起企业的足够重视。

我们在前面讲到一个好的产品，一定要给目标客户群体创造价值。在产品的最初阶段，除了给范围较广的目标客户群体创造价值外，还必须重视对原点客户群体的独特价值创造。当原点客户群体对产品的独特价值认可，则会通过他们的口碑传播，影响他们身边更大范围的目标客户的购买和使用，如图 17-2 所示。

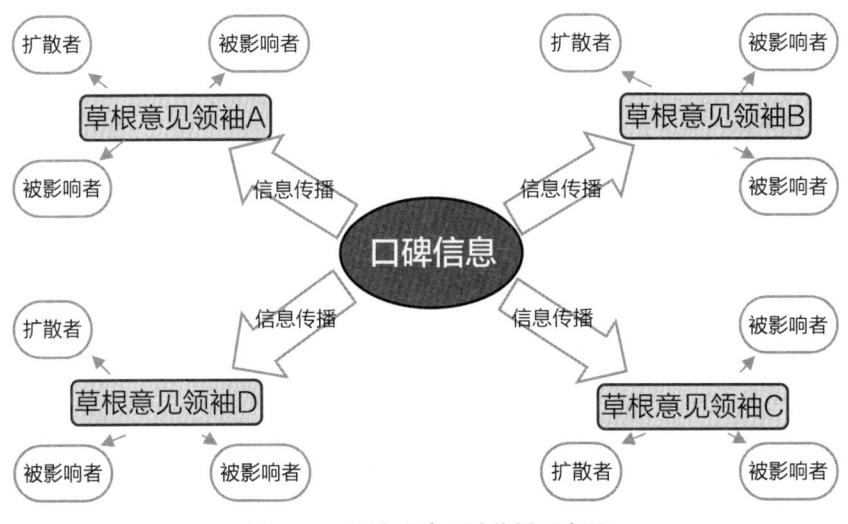

图 17-2　原点客户口碑传播示意图

京东、奇虎 360、小米这三家企业都有其独特的原点客户群体。

早期的京东从代理销售刻录光盘（CDR）开始，增加电脑配件及组装服务，接下来将商品扩展到电脑整机、手机及 3C 品类，后期在 3C 商品的基础上拓展到全品类商品。早期京东的原点客户是那些电脑发烧友，也就是你第一次购买、组装电脑时，你身边那个经常去北京中关村采购的电脑发烧友。

奇虎 360 早期的产品是 360 安全卫士，随后推出了 360 杀毒，在获得了足够客户量的基础上，适时推出了 360 浏览器、360 搜索、360 儿童安全手表、360 手机等一系列产品。奇虎 360 早期的原点客户就是那些帮别人装电脑软件和维修电脑的发烧友或者企业专职 IT 人员。360 产品的出现在很大程度上解放了这些人员帮助别人安装软件、优化电脑及查杀病毒的时间，因此得到了这些原点客户对 360 安全产品的自发推广，造就了奇虎 360 公司快速成为电脑安全品类的霸主。

小米公司则在起步阶段组建了发烧友社群，从 MIUI 的研发开始就提出了小米手机"为发烧而生"的口号，将原点客户的作用发挥到了极致。

类似于上述案例中的方法在很多领域都可以应用。例如，我们第一次购买智能手机或者汽车，我们是直接看完广告到手机营业厅和 4S 店去购买，还是通过别的途径呢？大多数消费者都会在咨询了身边那些看起来好像很懂行的玩家之后再做决定。我们在第一次购买单反相机的时候，是否也征求了身边喜爱摄影的发烧友？这些在生活中经常被我们征求购物意见的人，就是生活在我们产品目标客户群体身边的草根意见领袖，也就是本书中所定义的原点客户。

在实际工作中，对于原点客户的概念要结合具体的产品灵活应用。如果产品的特性无法单独给原点客户创造价值，那么就采用前面产品创新方法中所讲到的粉丝机制进行原点客户群体的回报锁定。适当地让原点客户参与到业务环节中，并给原点客户群体设置必要的特权机制，保证原点客户群体的口碑传播。

进行有效的口碑传播

当产品给客户带来的价值足够高，并且形成了独一无二的超强体验时，就可以开始进行由客户自发的口碑传播。在进行口碑传播的方案设计时，尤其是产品推广的早期，需要更多的关注原点客户的自发传播。

口碑传播的核心原理在前面的产品创新方法中已经介绍过，那就是要不断地给客户制造惊喜，反差越大，口碑效果越好。客户通过互联网或者线下进行口碑传播的时候，其目的并非直接针对产品做推广介绍，而是要讲述自己的感受。

我们来回顾一下自己主动转发的朋友圈内容，是因为内容实用吗？在转发时，我们往往会加入自己的观点，或者开心，或者赞同，或者反对。其动作的核心是在借转发的内容表述自己的观点。因此，我们需要在进行口碑传播方案设计时，有针对性地给客户一个传播的"理由"。

由于企业产品的类型不同，我们在口碑传播方案设计时，可以考虑如下两个不同的方法。

第一，通过产品功能进行口碑传播。如果产品中已经通过创新手段增加了互联网程序部分，则可以在程序中直接设计口碑点功能，让用户自发地进行分享。例如前面我们讲到的"少儿口语天天练"的案例，就是利用家长"虚荣"的心理设定一个在线学习周期，在周期节点上允许客户将孩子配音的动画短视频通过朋友圈进行分享。而我们需要做的只是在每个短视频的最后，加入英语培训机构的宣传内容即可。

这个方法最重要的三个设计环节是：

» 需要开放节点，让客户参与到产品的运营中；
» 需要在开放节点位置，设计让客户愿意自发分享出去的内容；
» 利用社交平台进行营销推广，具体的平台选择可以按照前面章节所介绍的方法进行选择。

第二，通过媒体平台进行口碑传播。对于很多传统企业的产品，由于产品没有互联网应用载体，所以口碑传播一般通过自媒体平台及线下社交场所进行传播。

这种媒体平台的口碑传播主要使用事件营销的模式。所谓的事件营销，就是要制造一个有关企业产品的"事件"，这个事件内包含着产品特点和品牌理念，通过小故事的形式进行传播。"事件"往往是一个"有趣"或者"有争议"等能引发目标受众发表观点和评论的故事。

除了传统媒体外，自媒体平台为企业提供了低成本打造品牌的机会，让企业可以自主创造品牌传播"事件"。具体的自媒体平台选择方法可以参考后续章节的内容。

在针对企业产品的类型，确定了上述两个方法后，我们还需要对原点客户进行一些独立的设计，比如为原点客户提供一些特别的参与机会或特权。在营销过程中，也要针对原点客户的传播需要，为其提供简单、容易获取的传播素材，例如，对比评测数据、产品介绍等，用于支撑原点客户在传播时有据可依。

品牌营销传播的三个发展阶段

除了前面口碑传播中所介绍的社交营销方法外，我们还可以针对品牌单独做事件营销和品牌打造。

伴随着商业社会的发展，营销传播也经历了三个不同的发展阶段，如图17-3所示。

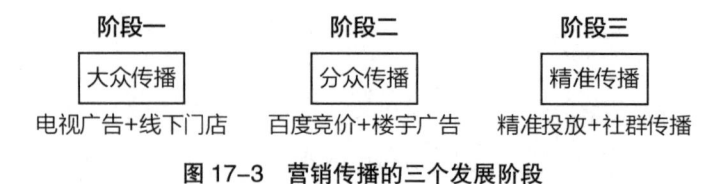

阶段一	阶段二	阶段三
大众传播	分众传播	精准传播
电视广告+线下门店	百度竞价+楼宇广告	精准投放+社群传播

图17-3 营销传播的三个发展阶段

» **大众传播阶段。**在 20 世纪互联网出现前，品牌传播形式受到传播渠道的限制，基本由广播、电视、纸媒体等传媒渠道及线下门店渠道构成。

» **分众传播阶段。**当互联网逐步渗透进我们的工作和生活后，每个人观看电视及纸媒的时间被严重压缩，广告效果大幅度降低。以分众传媒为代表的新广告传媒企业迅速依托互联网技术，占领原电视受众群中最有购买力的人群所在的场景——写字楼，开始进攻楼宇广告渠道。同一时期的搜索引擎广告、联盟广告投放也快速得到了市场应用。

» **精准传播阶段。**在进入移动互联网时代，互联网已经成为我们工作和生活中不可或缺的一个组成部分后，广告渠道再次发生了升级。这个阶段的特点是投放更加精准，企业可以依托社群进行传播，也可以通过自媒体平台进行自我发声与传播。

上述不同的传播手段在当前同时并存，但投放的途径越来越精准。企业可以根据自己产品目标客户群体的不同和产品的特点选择合适的方式和渠道。比如对于大众型快消品，大众传媒及分众传媒都是不错的选择，而对于专业产品，或者目标客户的渠道标签定义非常准确的产品，则可以直接通过锁定的渠道进行宣传，以达到最优的投入产出效果。

构建属于企业自己的媒体矩阵

如何选择合适的自媒体

自媒体是普通大众经由数字科技强化与全球知识体系相连之后，一种普通大众提供与分享他们自身的事实、新闻的途径。简而言之，即公民用以发布自己亲眼所见、亲耳所闻事件的载体，如博客、微博、微信、论坛 /BBS 等网络社区。目前各大互联网企业纷纷推出了自己的自媒体平台，如表 17–1 和表 17–2 所示。

表 17-1　　典型的自媒体平台清单

序号	自媒体平台名称	简称
1	微信公众平台	公众号
2	今日头条媒体平台	头条号
3	百度百家号	百家号
4	搜狐新闻自媒体平台	搜狐号
5	腾讯内容开放平台	企鹅号
6	网易新闻	网易号
7	凤凰自媒体	凤凰号
8	UC 自媒体平台	大鱼号
9	易信公众平台	
10	一点资讯媒体平台	一点号

表 17-2　　典型的社交媒体平台清单

序号	社交媒体名称
1	新浪微博
2	新浪博客
3	知乎
4	豆瓣
5	简书
6	天涯社区
7	抖音（视频）
8	喜马拉雅（音频）

面对数量众多的自媒体平台，企业应该如何选择？我们可以使用如图 17-4 所示的方法，根据企业产品的定位不同，选择最适合企业的自媒体平台进行品牌打造。

确定目的 ➡ 描绘受众画像 ➡ 选择传播的展现形式 ➡ 选择适合的平台

图 17-4　自媒体平台选择方法

- » **确定目的**。首先要确定通过自媒体传播的目标，也就是想要达成的结果是什么？传播的内容什么？
- » **描绘受众画像**。确定传播的受众是谁？可以使用客户画像工具进行描述。
- » **选择传播的展现形式**。要根据策划文案的特点，选择合适的展现形式，包括文字、音频、视频或者图片。
- » **选择适合的平台**。根据受众的画像选择适合的自媒体平台。

下面将一些比较典型的自媒体平台做一个简要介绍，有助于理解上述的方法。

新浪微博

微博是一个兼具社交属性与媒体属性的平台，既能发布信息又能进行互动交流。数据显示，截止到 2018 年底，微博月活跃用户数是 3.2 亿，30 岁以下的用户超过 80%。微博用户兴趣主要集中在明星、美女帅哥、动漫等泛娱乐大众领域，文学、情感、股票等是微博用户的主要兴趣标签。

用户分析：

- » 青年白领群体是微博用户的主力，30 岁以下青年群体作为微博的主要用户，占比 80% 以上；
- » 微博的月活跃用户是 3.2 亿。

平台特点：

- » 微博是一个兼具社交属性与媒体属性的平台，既能开放式发布信息，又能进行互动交流；
- » 微博有聚集年轻化用户发展的趋势。对于受众群体为青年白领的产品，具备病毒式营销的机会。

微信公众号

依托微信这个庞大的社交平台，微信公众号占据了天然的自媒体受众优势。企业在使用微信公众号时，要注意根据自身的实际情况，对订阅号、服务号进行有针对性的选择使用。

用户分析：

- » 微信的月活跃用户是 10.82 亿，企业职员覆盖率最高；
- » 从职业的稳定程度和消费能力来看，微信用户具备超强的消费能力。

平台特点：

- » 与微博开放讨论的方式不同，微信公众号具有隐私性，信息推送和传播的方法无法实现短时间内快速传播，想要快速形成一定关注人数规模的自媒体，具有一定的运营难度。

知乎

用户分析：

- » 渠道：主要集中在国内一线城市和重点大学；
- » 特征：高知识和高收入群体占所有用户的 70% 以上。

平台特点：

- » 知乎的百度搜索权重很高，达到了 10 级（最高级），企业可以利用知乎平台发布优质的原创内容，获得免费的百度搜索浏览量；
» 知乎大 V 拥有明显的影响力优势，尤其对于专业产品类企业，可以通过专业知识分享等获取持续关注。

从流量上来看，仅拥有一亿用户的知乎显然并不是十分突出，但作为高品质内容聚合地的知乎，已经是微博、微信公众号等各大媒体平台的优质内容来源，内容的影响力以及曝光量远远大于实际的数据。

此外，知识营销最为重要的一点在于，它与目前业内主流的大众泛娱乐营销形成互补。在品牌绞尽脑汁地降低内容阅读门槛，通过一些娱乐化营销来增强品牌热度，引入流量之余，还可以利用知识营销的专业化内容，来加深品牌厚度，建立更优、更高层次的品牌形象。

对于技术型产品，尤其是专业度要求较高的产品，可以在知乎建立官方专家号，进行品牌专业度形象包装。由于百度给出了知乎高级别的收录等级，因此在原创文章中可以有针对性地进行关键词的嵌入，以便客户在百度上进行关键词查找时，品牌自然露出。

喜马拉雅

喜马拉雅是知名音频分享平台，于 2013 年 3 月在移动端上线，截至 2019 年 9 月，总用户规模突破 6 亿。上下班路上、散步、健身或是睡觉前，都是喜马拉雅用户最为活跃的时间。数据显示，从 60 后到 10 后，都是"声音"的粉丝，尤其是年轻人成为主力军，80 后最为活跃。其中，80 后喜欢听悬疑有声书，90 后爱听都市言情有声书，00 后则更爱听玄幻有声书和儿童广播剧。

用户分析：

» 男性用户数量明显高于女性用户数量。作为创新型移动电台产品，具有垂直领域忠实的用户群体。

平台特点：

» 缺乏图文参与使得知识素材呈现出现一些障碍，比较适合通过声音讲述需要被动学习的知识内容；

» 在企业实际应用中，可以针对视频节目的特点对传播内容进行改编后再播出。

今日头条

今日头条本身就是个新闻类应用，因此头条号生产的内容，可以直接作为新闻信息推送给用户，其中高质量的内容获取的阅读量会有明显的优势。目前，头条号平台已成为国内第一智能内容平台。

用户分析：

» 激活用户数已达 7 亿，日活跃用户超过 1.75 亿；

» "头条号"的媒体和自媒体超过 150 万。

平台特点：

» 原创内容会受到欢迎。在内容规划方面，1000 字以内的文章、3 分钟左右的视频内容在平台上会有比较好的分发效果。

短视频平台

短视频行业已进入成熟发展期，用户城市分布下沉效果明显。目前以内容电商作为短视频商业化的突破口已经取得了显著的效果。未来内容化营销将会得到更大范围的拓展，从兴趣类内容，逐步拓展到行业、企业社会责任等传播内容，应用于企业的品牌传播。

用户分析：

» 2019 年短视频用户数已达 6.4 亿；
» 年轻用户占比大，其中 95 后或 00 后占比 60% 以上，这个群体也是未来最重要的消费群体。

平台特点：

» 用户的使用呈现多元化，内容是短视频平台的核心竞争力；
» 视频内容营销价值较大，女性和三四线城市用户更容易进行商业转化；
» 用户在短视频平台社交意愿较低，更多基于内容的互动；
» 企业可利用短视频平台进行产品的直接销售和品牌推广。

构建自媒体矩阵

在企业实际利用自媒体进行品牌传播时，可以自行布局企业的自媒体矩阵，实现多平台导流。

自媒体矩阵可以有效地实现对目标受众的无缝隙覆盖。在自媒体平台组合的选择上，首先要做好目标受众的精准定位，同时利用各自媒体平台的优势进行互补，充分挖掘企业自媒体内容的潜在价值，实现内容价值的最大化输出。

为了能够通过互联网途径构架一个企业立体的品牌形象，除了宣传渠道的选择之外，还需要对内容进行分类规划。在本书中，我们按照企业常规的品牌宣传方法进行介绍。

通常情况下，企业宣传的内容会围绕"宣传主体"和"宣传目标"两个维度和一个"事件"进行规划。

» **宣传主体**。大多数企业都可以将"创始人""产品"和"企业"作为三个

- » **宣传目标**。营销目的、资本对接目的、服务目的；对于上市企业，投资者关系维护也是另一个重要目的。
- » **一个事件**。根据上述的两个维度，将全年企业中预计要发生的事情进行梳理和排出事件计划，然后根据传播目标选择相应的媒体渠道，就构造出了企业自己专属的媒体矩阵和品牌宣传计划时间表（见表17–3）。

表 17–3　　　　　　　　　企业媒体矩阵工具应用

传播对象	分类	新浪微博	官网	公众号	抖音	科技媒体 A	财经媒体 B
创业故事（连刊）	创始人	☑					☑
A 产品 常规宣传 2020 年 2 月	产品	☑	☑	☑			
B 产品 新产品发布会 2020 年 4 月	产品	☑	☑				
半年财报 2020 年 7 月	资本	☑	☑				☑
社群发布 2020 年 9 月	产品	☑	☑	☑			
融资发布会 2020 年 11 月	资本	☑					☑

在企业的实际经营中，很多企业在自媒体上持续投入品牌建设，但却忽略了对于企业官网的建设。有些企业的观点是既然已经建立了微信公众号，因此对于官网的维护就没有那么重要了。

但是上述观点恰恰忽略了一个事实，当你的潜在客户不管通过哪种营销手段对你的产品发生了兴趣的时候,他会先通过搜索引擎去查找你的企业,而这时如果你的企业没有官网,也没有第三方的报道和介绍,你就基本上已经失去了一个本来应该属于你的客户。

由于移动互联网已经通过各种形式融入了我们的工作和生活,因此客户采购的行为已发生了很大的变化,这就要求企业的营销规划也要适时地做出改变和升级。品牌的建设是立体化的,需要进行低成本、全方位的包装。

在进行企业官网的设计时,可以遵循以下几个基本原则。

小企业大网站,大企业小网站

在设计风格上,如果你的企业规模较大、知名度较高,则在官网的设计上采用简洁一些的风格;如果企业规模较小,则可以多设置一些网站栏目、内容也更丰富一些,以便充实自己的形象,如图17-5所示。

图17-5 IPOPOWER官网示意图

从客户的视角审视网站

在架构企业官方网站的时候必须重视客户的浏览体验,包括以下两个最重要的部分：

» 首页。一般我们会把最重要的内容放在首页，比如，一句话高度概括你是做什么的（企业定位）和企业愿景；一段话说明你的产品能给客户带来什么价值，如何帮到他们。

» 菜单导航。要有清晰的菜单导航，把最重要的栏目名称放在一级导航中。常见的企业官网一般有产品介绍、金牌案例、企业介绍、团队介绍、新闻动态、联系我们等栏目，ToB 类型的企业还需要注意加入社会责任模块。

研究客户如何找到你的网站，然后进行路径优化

进行关键词优化，确保搜索引擎的收录。确保你的网站能够被主流的搜索引擎收录，在完成网站的建设后，务必进行一次对应的搜索引擎收录提交。并且将你的企业高度浓缩成一些你希望客户搜索哪些关键词的时候能够找到你，并且将这些关键词通过 SEO 手段将网站优化好。

做好网站地图。将网站的结构使用技术手段梳理清晰，有助于搜索引擎的技术爬虫定期地进行搜索收录。

提前预埋好网站访问统计代码。清晰了解你的客户是从哪些外部渠道访问到你的网站，并且根据来源的情况进行外部推广和优化。

动态网站，注意定期更新

为了能够在搜索引擎中保持官网的热度和客户的感受，一定要保持网站内容的新鲜度，介绍类的栏目要根据实际业务情况进行定期更新，同时，将一些和企业有关的新闻、观点和活动、专业文章、视频、图片等除了通过第三方媒体或自媒体发布外，还要同步发布到自己的官方网站。

每个页面都应该有清晰的引导客户联系的链接

对于产品介绍、企业商务合作等栏目页面，在介绍后的显要位置加入联系我们的链接，引导客户在对某个产品或者服务感兴趣的时候，第一时间联系我们。

利用自媒体进行创意营销的经典案例

短视频：品牌传播和新电商的风口到了

短视频是营销的重要突破口，企业可以抓住这个难得的机会。"风"终于来了，但要熟悉并了解短视频的游戏规则，以便避免之前在微博和微信公众号时期盲目追风导致的失败。

目前的短视频营销模式主要集中在四个方面：

» 从 UGC 的角度出发，品牌通过奖励等方式，鼓励用户创作，并形成标签话题；
» 品牌作为内容的生产者，通过目前的一些短视频社交平台，达到宣传引流的目的；
» 通过短视频的网红效应，进入带货销售；
» 将已购买商品的客户进行社群运营，形成企业自己的私域流量。

从人们的阅读习惯来看，比起文字和图片，短视频才是大脑更喜欢的语言，并且碎片化的阅读模式也更符合现代人的生活形态。由此推断，在未来很长一段时间内，短视频营销将会是主流，是移动营销的新蓝海。

短视频不仅仅局限于 15 秒~10 分钟，最长时间可以到 15 分钟。不同类型的企业可根据自己的特点进行短视频创作，目前除电商企业通过短视频带货销售外，很多教育培训机构也纷纷利用短视频进行教育产品的导流宣传，效果明显。

短视频只是一种更加符合人类认知的信息传递形式，要想通过短视频获得营销红利，其核心精髓在于文案的策划。为了保证企业对外传递的内容与产品产生相关性，文案策划的前置工作则是资产的内容化，也就是我们产品定义中的内容组成部分。

直播销售与短视频传播有很多相似之处，但又有所不同。针对不同类型的企业，可以在各大主流平台上进行个性化选择。

淘宝

淘宝是强电商平台，具有目前国内最丰富的商品品类，其依托自身的流量和外部导入流量作为流量基数。淘宝用户多以一、二线城市为主，四、五线城市也有覆盖，月活跃用户在 7 亿左右。

淘宝直播在淘宝建立入口，直接将商品和人聚集在一个场景中，对于品牌商而言，是比较理想的线上销售场景。淘宝的强电商平台特点，意味着在淘宝直播上进行销售的商品品类十分丰富，对于小众品牌商家来说就失去了优势，因此比较适合业内顶层的商家和网红主播。在淘宝直播销售中，内容制作和主播的选择是提升效果的关键。

抖音

抖音的娱乐社交属性非常明显，主打娱乐社交内容，具备高流量和高活跃平台的特点。用户以都市青年为主，主攻一、二线城市，月活跃用户在 4.7 亿左右。

抖音短视频非常适合品牌宣传，随着一众大咖的带货直播，迅速将抖音直播带货推到了风口浪尖，引起品牌商的关注，因此作为商业化变现需求明显的抖音公司，一定会加速推动直播业务的布局发展。

抖音属于头条系，其流量分配的目标是让每个用户看到自己想要看到的内容为主，因此注重推荐算法，而不完全是粉丝逻辑，那么对于在抖音开启直播销售的品牌商而言，就会面临如何吸引流量的第一难关。在抖音直播销售中，要加大前期直播的宣传和曝光，以及直播内容的选题等都会影响直播效果。

快手

快手迅速崛起于4G移动互联网时期，也具备明显的娱乐社交特征。用户以下沉市场为主，在运营管控的尺度上较宽松，月活跃用户在2.7亿左右。

快手的直播带货效果与其机制有关。快手的主播具有较强的粉丝积累，直播效果会明显受到粉丝效应的影响，因此如果品牌商选择快手作为直播销售阵地的话，需要找到一个可以长期稳定合作并且拥有足够粉丝量的主播。

拼多多

作为社交电商的领导品牌，拼多多以下沉市场为主要阵地，月活跃用户在2.5亿左右，目前在一、二线城市，用户规模在高速增长。

拼多多平台上直播销售的商品相对前几个平台来讲，特点是以客单价较低的小商品为主，农产品及地方土特产较多。拼多多拥有忠诚度很高的用户，直播销售的商品和形式非常接地气，对于有下沉市场推广需求的品牌商来讲，是一个非常值得尝试的平台。

对于各细分商品品类的头部品牌商来讲，可以将企业原用于明星代言广告投放的市场费用，转化为直播带货的商品销售补贴，可以将市场费用最有效地转化为销售额，如果能够在产品上进行创新，则可以形成自己的营销闭环，进而成功地进行全渠道营销模式布局。

在直播销售领域，快手、抖音和拼多多等众多平台的流量竞争还属于早期阶段，且呈现出百家争鸣的特点。企业可以根据自己的商品特征、受众特点，选择最适合自己的直播平台进行营销。

创意长图：颠覆传统编排模式

2017年5月8日，百雀羚发布了一则民国风的长图广告，在收获了500万阅读量的同时，颠覆了传统微信推文图文结合的编排模式。随后，京东、奔驰、宝马都纷纷跟风模仿这种长图模式，一时间，大长图式的推文成了朋友圈的爆款。

品牌人格化：抖机灵卖萌，样样在行

品牌需要构建出一个立体的角色，会哭会笑有温度的"人"。这样做最大的好处就是迅速建立起自身的品牌形象，在社交媒体上快速引流。翻开微博、微信公众号，打开下面的评论，各种平时高冷的品牌官微，在热点微博下面抖机灵卖萌，甚至还相互聊天，仿佛它们并不是冰冷的公司，而是一个个活生生的人。

情感营销：抓住用户情感需求，激起传播欲望

2017年8月29日上午，不少人的朋友圈被名为"小朋友的画"的H5应用刷屏了，这是由腾讯公益平台发起的募捐活动，画作由WABC（无障碍艺途公益机构）中患有自闭症、智力障碍、脑瘫等病症的特殊人群创作，微信用户可以用一元钱的价格购买画作，保存成壁纸使用。

截至8月30日，活动已筹得超过1500万元，腾讯公益显示，项目已筹满，善款由相关慈善机构接收。这个公益行动不仅在朋友圈疯传，仅在知乎的话题就获得了100多万的浏览量，这次公益活动火爆程度一度引起了外界

质疑，但是毫无疑问，仅从营销的角度，这确实是一个不折不扣的成功案例。从自闭症儿童的角度切入，不仅让大众加深了对自闭症的关注，更是顺利地赢得了筹款。

类似的商业化情感式营销也有成功的案例，例如招商银行的留学信用卡广告，一句简简单单的"世界再大，大不过一盘西红柿炒蛋"，就通过一个短视频故事达到了品牌传播的目标。

大多数超热度的营销和品牌传播手段时效性都很短暂，因此需要企业具体负责此方面工作的人有针对性地抓住热点，并且在市场上快速做出反应，这就要求企业建立一套适合外部环境快速变化的企业文化和与之配套的流程机制。

营销、传播与社交这三个常用概念都是建立在人与人之间的联结上。营销的核心是企业与客户之间的沟通，传播同样是传播者与受众者之间的互动，而社交更是人与人的关系建立。因此，在实际应用中，可以根据企业的产品实际情况，选择最适合的营销方式进行组合式推广。

> **思考与练习**
>
> 1. 快速引爆用户口碑的三个步骤是什么？请结合企业的大产品现状分别进行描述。
> 2. 对当前产品进行口碑点提炼，通过附加产品创新的方法将口碑点内置到产品中，并设计一个让用户参与互动分享的途径和功能。
> 3. 结合企业产品的现状，定义清晰原点客户群体是谁？产品对于原点客户的价值贡献是什么？
> 4. 品牌传播的三个阶段是什么？结合企业产品的现状定义可以使用哪些传播途径？

5. 请根据企业和大产品的属性，使用本书中的方法选择适合企业的自媒体平台，并给出具体的定义。
6. 根据企业官网的现状，策划、编写官网的项目方案。
7. 结合企业、产品和创始人的基础信息以及企业的实际发展状况，使用企业媒体矩阵工具，编写半年度的企业品牌传播计划。
8. 尝试依据本章中介绍的品牌传播方法，解决本企业实际发生过的案例，编写一个品牌传播项目计划。